AF453048

CONTINUATION

DES

MEMOIRES

PRESENTEZ AU ROY

Par les Commissaires deputez des Estats de
Bretagne, touchant l'Amirauté de cette
Province, pour servir de Repliques aux
Memoires du Secretaire General de la
Marine, sur le mesme sujet.

Avec les Remarques du Secretaire General de la Marine,
pour y servir de Réponse.

A PARIS,

Chez FRANÇOIS MUGUET, premier Imprimeur du Roy,
du Clergé de France, & de M. l'Archevesque,
ruë de la Harpe, aux trois Rois.

M D C X C I X.

AU ROY,

IRE,

LES *Commiſſaires Deputez des Eſtats de Bretagne* ont eu ordre de
VOSTRE MAJESTE', *de donner leurs memoires ſur les droits
& fonctions de l'Amirauté, qui ont toûjours eſté exercez en voſtre Province de Bretagne par les Gouverneurs, & en leur abſence par leur
Lieutenans Generaux. Executant avec un profond reſpect ce qu'Elle leurs
a preſcript, ils ont eu l'honneur de les luy preſenter: Le Sieur Secretaire
General de la Marine ayant eſté auſſi commis pour établir les droits pretendus en Bretagne par les Amiraux de France, en conſequence de l'u-
nion de cette Province à la Couronne, a donné ſa Requeſte, qui explique
avec beaucoup de force, d'érudition & délicateſſe, tous les fondemens
de cette pretention ſur l'Amirauté de Bretagne. Les Commiſſaires Deputez ſont obligez pour les intereſts de leur Province d'y répondre. V. M.
le trouvera bon, ſuivant la liberté qu'Elle leur en a accordée. Ils la ſup-
plient donc tres-humblement d'agréer qu'ils luy repreſentent, que le
Sieur Secretaire General de la Marine, reduit la queſtion au point de
ſçavoir ſi par un des Privileges de la Bretagne, le Gouverneur de
cette Province doit en cette qualité, & à ce ſeul titre joüir des droits
d'Amirauté en Bretagne, & en faire les fonctions à l'excluſion de M.*

Le mot de
Requeſte
que le Sieur
Secretaire
General de
la Marine
employe
ſembleroit
ſuppoſer une
inſtance
pendante
devant le
Roy & ſon
Conſeil (qui

A ij

l'Amiral de France, ou si au contraire l'autorité de M. *l'Amiral de France n'est pas* les Commissaires Deputez se font uniquement *en qualité d'Officier de la Couronne doit estre également reconnu en Bretagne comme dans les autres Provinces du Royaume.*

fervy du mot de Memoire, ils croyent qu'il répond mieux à l'éclaircissement simple que Sa Majesté a feulement témoigné fouhaiter des Estats de Bretagne sur ce sujet, & dont ils ont esté chargez d'avoir l'honneur de l'instruire.

L'estat de cette question de la maniere qu'elle est proposée par le Sieur Secretaire General de la Marine engagera les Commissaires Deputez plus avant qu'ils n'auroient souhaité, en les obligeans d'examiner à fond la qualité de la Charge d'Amiral pretendu (mesme de tout temps) Office de la Couronne ; Mais ils auront encore l'avantage independamment de cette grande question d'établir le droit legitime & la possession des Gouverneurs de Bretagne, et les Privileges de leur Province en reduisant la question en ses veritables termes.

I.

Il ne s'agit pas de sçavoir si le droit & la possession legitime des Estats peuvent recevoir atteinte, il n'y auroit pas de question; Il s'agit seulement de sçavoir, s'il y a un droit, s'il y a une possession, si ce droit est fondé en titres, & si cette possession est legitime.

I.

Elle consiste à sçavoir si ce droit et cette possession legitime que les Estats ont soûtenu, & qu'ils soûtiennent toûjours fondez sur les Privileges de leur Province et sur le titre mesme de son union à la Couronne de France, peuvent recevoir atteinte au prejudice des Gouverneurs qui s'y sont toûjours maintenus par l'aveu et l'autorité de nos Rois, mesme par la decision solemnelle de V. M. *sans que ce droit et cette possession puissent estre détruits par le titre d'Amiral de France sous pretexte des hautes prerogatives de cet Office qui n'ont jamais esté étenduës en Bretagne, où ils n'ont jamais esté reconnuës.*

II.

Cela n'est pas tout à fait exact, car avant luy, sçavoir en 1532. le Sieur de Chabot, en la seule qualité d'Amiral de France, avoit déja ordonné les gages du Sieur Despoix Vice-Amiral de Bretagne; il avoit fait la mesme chose en 1533. 1534. 35. & 36. & dans cette derniere année, il avoit accordé une somme de 600 liv. à ce Vice-Amiral pour les soins qu'il avoit pris de quelqu'arme-

II.

C'est, SIRE, *cette illustre controverse qui a fait sur la fin du dernier Siecle la matiere d'une fameuse contestation, elle a eu beaucoup d'éclat dans le monde, parce qu'elle estoit entre deux parties qui avoient l'honneur d'estre Beaufrere du Roy Henry* III. *& qu'elle estoit soûtenuë du credit extraordinaire de l'Amiral de Joyeuse, qui se prévalant du pouvoir qu'il avoit sur l'esprit du Roy, & se flattant d'avoir*

Le Feron fol.
54. hist. des
Amiraux.

ment. En 1543. le Sieur Danne-baud, avoit fait enregiftrer fes Provifions d'Amiral au Parle-ment, ou au Grand Confeil de Bretagne, comme on voudra l'appeller. Depuis l'année 1543. jufqu'en l'année 1551. qui eft celle de fa mort, il avoit arrefté tous les comptes de la Marine de Bretagne, reglé les gages de tous les Officiers, & mefme ceux du Vice-Amiral de la Province : il y a des Lettres Patentes du 18. Sep-tembre 1551. adreffées au Sieur Dannebaud Amiral de France, portant que toutes les prifes fai-tes en Mer, par les Sujets du Roy

d'avoir affez d'autorité pour faire valoir une pretention auffi nouvel-le en Bretagne, a efté le premier des Amiraux de France qui ait excité ce premier trouble au droit & à la poffeffion legitime des Gouverneurs malgré les remontrances des Etats & contre les Privileges de la Pro-vince.

Mais ayant efté tué en 1587. le droit & la poffeffion du Gouver-neur furent confirmez par Lettres Patentes de 1588. en faveur de M. le Duc de Mercœur enregiftrées pu-rement & fimplement au Parlement de Bretagne.

fur les Anglois, feront jugées bonnes au profit des Preneurs, à la referve du dixiéme qui fera remis à l'Amiral. Depuis 1551. jufques en 1569. l'Amiral de Coligny, avoit exercé en Bretagne les mefmes fon-ctions, & joüy des mefmes droits que dans tout le refte du Royau-me : Les preuves en font rapportées, & pendant fa prifon, c'eft à dire en 1557. il y eut des Lettres patentes adreffées aux Parlemens de Paris & de Bretagne, qui donnent pouvoir au Cardinal de Châ-tillon, d'exercer tous droits d'Amirauté, tant en France qu'en Bretagne, en l'abfence de fon Frere l'Amiral de France & de Bre-tagne, & d'y recevoir les mefmes droits qu'auroit pû faire fon Frere, s'il y eut efté prefent en perfonne. Depuis 1569. jufqu'en 1582. le Duc de Villars Amiral de France, fut reconnu en Bretagne, & y exerça fes fonctions, comme dans tout le refte du Royaume,

Elles font en-
tre les mains
de M. le
Rapporteur.

à l'exemple de fes Predeceffeurs, les preuves en font en fi grand nombre, qu'il eft impoffible de les rapporter icy. Le Duc de Mayenne, qui luy fucceda en 1582. fit la mefme chofe. Enfin le Duc de Joyeufe fût pourvû de cette Charge, & lors qu'il la vou-lut exercer, comme avoient fait fes Predeceffeurs. M. de Mercœur, s'avifa de s'y oppofer, & de foûlever toute la Province ; ainfi pour rendre jufte la propofition generale de Meffieurs les Commiffaires Deputez, il n'y a qu'à changer les noms, & dire que les Amiraux ayant exercé paifiblement leurs fonctions en Bretagne, depuis l'union de cette Province à la Couronne, jufques en 1582. M. de Mercœur fut le premier des Gouverneurs de Bretagne, qui *s'avifa de les troubler avec éclat*, dans une poffeffion fi legitime, & foû-tenuë de tant de titres authentiques ; mais on fera obligé de parler ailleurs de cette conteftation.

B

I I I.

Cela fera expliqué fi nettement dans la fuite, qu'il y a lieu
d'efperer, qu'il ne reftera aucune difficulté fur ce fujet.

I I I.

Le droit & la poffeffion des
Gouverneurs furent encore autori-
fez par une Declaration expreffe
de 1609. enregiftrée au Parlement
de Bretagne & dans tous les Sieges
de la Province.

C'eft cette mefme conteftation qui fut renouvellée peu de temps aprés
par M. l'Amiral de Damville fils d'Anne de Montmorency Connétable
de France, & qui fut foutenuë avec la mefme activité (+) avec les avantages de la minorité de M. le Duc de Vendofme pourveu du Gouvernement
depuis M. le Duc de Mercœur, & qui n'eftoit pas en âge de foutenir
fes droits dans les premiers temps & dans la fuite à caufe de fa difgrace, mefme à l'occafion des divifions qui eftoient en Bretagne entre
luy (+) M. le Marefchal de Briffac, mais elle eut le mefme fort fur les
tres-humbles remontrances des Etats, & fut decidée en faveur des
Gouverneurs.

I V.

C'eft un Arreft par défaut, on
fera voir ailleurs de quelle confideration il doit eftre dans cette
affaire.

I V.

Ce mefme different a encore efté
rendu celebre par les écrits donnez
en 1650. (+) 1651. au fujet de la
conteftation qu'en forma de nouveau
M. le Duc de Vendofme devenu luy-

mefme Amiral, mais elle fut jugée contre luy par un Arreft folemnel
de 1655. rendu par V. M. eftant en fon Confeil; l'Arreft depuis executé
par une poffeffion paifible & tranquille des Gouverneurs qui ont efté
pourveus avec la mefme attribution de tous droits d'Amirauté. Les
Amiraux au contraire pourveus depuis fucceffivement avec l'exception
expreffe de la Province de Bretagne, mefme M. le Comte de Toulouze.
Les Ordonnances particulieres faites par V. M. au fujet de la Marine
pour la Bretagne ont auffi confirmé en 1684. par un article exprés le
pouvoir des Gouverneurs pour la joüiffance des droits d'Amirauté.

V.

Toute la France a admiré avec
raifon, la fage & judicieufe Declaration, qu'a faite Monfeigneur
le Comte de Touloufe, de ne
vouloir prendre aucun party
dans cette affaire, que celuy d'at-

V.

Les Eftats de Bretagne ne croyient
pas qu'aprés toutes ces tentatives
contre leur droit, contre leurs Privileges & contre la poffeffion des
Gouverneurs ils en duffent craindre
une nouvelle pour remettre en

tendre avec respect & soûmission, ce qu'il plaira à Sa Majesté d'en ordonner, & le Secretaire General de la Marine accoustumé depuis long-temps à n'agir que par les ordres de son Maistre, & d'ailleurs attaché à la Bretagne, par tant de raisons, fût demeuré dans un respectueux silence, sans le commandement exprés qu'il a receu de sa Majesté, de répondre au Memoire de Messieurs les Commissaires Deputez.

question ce qui a esté decidé aussi solemnellement: mais le Sieur Secretaire General de la Marine ayant esté nommé par V. M. pour soutenir les droits de M. l'Amiral de France, s'est flatté qu'il les pouvoit étendre & qu'il pouvoit donner atteinte aux droits de la Province de Bretagne. S'il a l'avantage avec toute la France, que M. le Comte de Toulouse soit pourveu de cette Charge éminente, la Province de Bretagne a aussi le bonheur d'avoir le mesme Prince pour Gouverneur, avec cette

difference que dans les Provisions du Gouvernement tous les droits d'Amirauté luy sont conservez en Bretagne, & qu'au contraire dans les Provisions d'Amiral de France cette Province en est nommément exceptée. Ce Prince si sage & si judicieux dés ses premieres années a declaré par une Requeste particuliere, qu'il ne vouloit prendre aucun party dans la contestation, que celuy d'attendre avec respect & soumission ce qu'il plaira à V. M. d'ordonner. Il ne faut pas que le Secretaire General de la Marine explique en faveur de sa pretention les mouvemens du cœur de ce jeune Prince: Quoy qu'il ait esté Amiral de France avant d'estre Gouverneur de Bretagne, & que l'Office d'Amiral de France ait des prerogatives plus étenduës & plus precieuses que le Gouvernement que V. M. luy a donné, il suffit que le titre éminent de sa qualité d'Amiral porte clause d'exclusion expresse des droits d'Amirauté sur la Bretagne, & qu'au contraire le titre de ses Provisions de Gouverneur de cette Province luy attribuë les droits dont il estoit exclus comme Amiral, pour faire juger qu'estant attaché aussi intimement à l'observation des loix que V. M. a imposé aux titres de ses liberalitez, il doit preferer le dernier qui luy assure les droits d'Amirauté en Bretagne, que le premier luy avoit osté, & qu'estant Gouverneur d'une Province qui a toûjours joüy de ses Privileges, les fonctions de cette Charge & les droits de la Province ne perdront pas leur principal éclat & leurs plus cheres prerogatives sous son Gouvernement; au lieu que la Charge d'Amiral ne recevra aucune atteinte en sa personne ny dans le temps de son exercice, pour ne pas acquerir les droits d'Amirauté de Bretagne, qu'elle n'avoit pas non seulement parce que la joüissance en est exceptée par le titre mesme de ces Provisions, mais encore parce qu'elle ne l'a jamais eu en Bretagne que dans l'estat qu'elle luy a esté transmise, & à M. le Comte de Vermandois son predecesseur, & aux autres Amiraux qui l'ont precedé qui n'en ont jamais eu le droit.

EPOQUES principales de l'Affaire.

VI.

La principale & mesme la seule partie de cette affaire, est de rapporter des titres bien formels & bien précis, pour soûtenir la pretention de Messieurs les Commissaires Deputez, sans cela leur pretenduë possession, quand elle seroit encore plus longue & plus paisible, qu'ils ne le disent, ne doit estre regardée que comme une usurpation, & ne peut jamais faire aucun tort aux droits de la Couronne.

VI.

Comme la possession des Gouverneurs de Bretagne dans les droits d'Amirauté de cette Province est l'une des principales parties de l'affaire, & que pour l'expliquer plus nettement les Commissaires Deputez seront obligez dans la suite quand ils établiront cette possession d'entrer plus particulierement dans l'histoire de la Province de Bretagne par rapport aux droits d'Amirauté seulement, tant depuis le premier mariage de Anne de Bretagne avec le Roy Charles VIII. en 1491. &

le second avec Loüis XII. en 1498. que depuis l'union de la Bretagne à la Couronne en 1532. les Commissaires Deputez se contenteront en cet endroit d'en d'onner une idée generale, & de remarquer six ou sept Epoques principales.

VII.

Le contraire, est si clairement démonaré dans l'Article deuxiéme, qu'il n'y a rien à ajoûter d'avantage.

VII.

La premiere, que depuis 1532. temps de cette union jusqu'en 1582. temps du trouble de l'Amiral de Joyeuse, les Gouverneurs de Bretagne ont joüy sans aucun trouble en ont fait toutes les fonctions en

de tous les droits d'Amirauté, & en Bretagne, parce qu'encore qu'on allegue des Lettres de 1544. pretenduës obtenuës par l'Amiral Dannebaut pourveu de cette Charge en 1543. onze ans aprés l'union de la Bretagne, contre la possession paisible & tranquille de M. d'Etampes Gouverneur de cette Province. Ces Lettres sans dattes & sans enregistrement sont en effet apocrifes sans jamais avoir esté connuës, publiées ny enregistrées en Bretagne, & que l'Amiral Dannebaut en a luy-mesme laissé la possession au Gouverneur.

VIII.

Le Secretaire General de la Marine avoit creu pouvoir obmettre le détail de cet incident

VIII.

La seconde Epoque est, qu'en 1582. l'Amiral de Joyeuse ayant voulu innover & étendre en Bretagne l'autorité

particulier, pour ſe tenir toûjours à la queſtion generale, mais puiſque Mrs les Commiſſaires Deputez, ont jugé à propos d'en faire une Epoque, qu'ils aſſurent leur eſtre tres-avantageuſe, il rapportera icy en peu de mots, tout ce qui regarde cette conteſtation, & comme les dattes préciſes & l'ordre des faits, ſervent beaucoup à éclaircir une Epoque, il eſt bon de les établir icy avec ſoin.

Le premier Juin 1582. Proviſions du Duc de Joyeuſe pour la Charge d'Amiral de France.

Le 24. Juin 1582. Declaration qui explique les droits & les fonctions de la Charge d'Amiral, pour eſtre exercez en Bretagne comme dans tout le reſte du Royaume, adreſſée aux Parlemens de Paris, Roüen & Bretagne.

Le 9. Aouſt 1582. Enregiſtrement des Proviſions de l'Amiral de Joyeuſe au Parlement de Bretagne.

torité &) les droits de ſa Charge d'Amiral, M. de Mercœur Gouverneur de la Povince s'y oppoſa ; le Parlement & les Eſtats de Bretagne firent de tres-humbles & de tres-fortes remontrances ſur ce ſujet, que le Roy Henry III. ayant voulu concilier les deux parties &) fit rediger dix articles qui ne devoient avoir leur execution qu'après la mort de M. de Mercœur, il fallut pluſieurs juſſions au Parlement de Bretagne pour l'obliger de les enregiſtrer ; que ſa reſiſtance reſpectueuſe eſtoit fondée ſur les Privileges de la Province, mais qu'en 1588. après la mort de M. de Joyeuſe, le meſme Roy donna une Declaration expreſſe par laquelle en revoquant les dix articles qui n'avoient point eu d'execution, parce qu'ils eſtoient contraires aux droits & aux Privileges de la Province, il maintint M. de Mercœur dans la poſſeſſion des droits de l'Amirauté ſuivant la poſſeſſion des Gouverneurs.

Le 13. Aouſt 1582. preſtation de ſerment de l'Amiral de Joyeuſe par Procureur au Parlement de Bretagne.

Le 20. Septembre 1582. enregiſtrement & verification de la Declaration du 24. Juin de la meſme année au Parlement de Bretagne.

Le 11. Octobre 1582. Proviſions du Gouvernement de Bretagne en faveur du Duc de Mercœur, enregiſtrées au Parlement.

En 1584. le Duc de Mercœur commence à pretendre les droits d'Amirauté en Bretagne, quoy qu'il n'en ſoit aſſurement pas fait la moindre mention dans ſes Proviſions. Il eſt tres-important de les dire une fois d'un bout à l'autre, pour eſtre pleinement convaincu du peu de fondement de cette étrange pretention, on y verra toutes les fonctions du Gouverneur expliquées juſques au moindre détail, juſques à luy donner le pouvoir d'ouvrir les paquets des Courriers ſuſpects ; faire les inventaires des Vivres qui ſont dans les Places, & autres choſes de cette nature, & tout cela, ſans qu'il y ſoit dit un ſeul mot des pretendus droits d'Amirauté, ſi l'on prend la peine de

C

comparer ces Provisions enregistrées au Parlement de Bretagne le
11. Octobre 1582. avec la Declaration du 24. Juin de la mesme année,
qui vient d'estre citée, qui est enregistrée au mesme Parlement le
24. Septembre, & qui attribuë à l'Amiral de France, *tous les droits
d'Amirauté de Bretagne* : on s'étonnera sans doute de voir que
Messieurs les Commissaires Deputez ayent jugez à propos d'en faire
le fondement de leur deuxiéme Epoque ; mais il la faut éclaircir
jusques au bout.

Ils sont entre les mains de M. le Rapporteur.   Le 5. Avril 1584. le Roy pour terminer la contestation, qui estoit
entre ces deux Beaux-Freres les oblige de signer des Articles par
forme d'accommodement, il y en a quelqu'uns, qui sont contraires
à l'authorité de l'Amiral, d'autres qui y sont favorables, mais ils ne
donnent pas la moindre atteinte, ny aux Provisions de l'Amiral
de Joyeuse, ny à la Declaration de 1582. & il n'eut pas mesme
esté possible de le faire, par un acte de cette nature, qui n'est qu'un
acte particulier & sous seing privé ; ainsi ces deux titres subsistoient
encore dans toute leur étenduë, aprés les Articles du 5. Avril 1584.
qui ne pouvoient tout au plus qu'en suspendre l'execution par le
consentement que l'Amiral de Joyeuse avoit donné à cet accommodement. Aprés la mort de l'Amiral de Joyeuse tué à Coutras
en 1587. le Duc de Mercœur qui vouloit à toute force, estre
Amiral de Bretagne, & qui sur ce pied là, n'estoit pas content des
Articles de 1584. en demanda la revocation.

Il l'obtint par une Declaration du 17. Aoust de la mesme année
enregistrée au Parlement de Bretagne le 26. du mesme mois, elle
porte trois choses. 1°. *Les Articles cassez & abolis, comme n'ayant
jamais eu lieu.* 2°. *Pour joüir par le Duc de Mercœur de son Gouvernement, avec tous les droits d'Amirauté, tout ainsi & en la mesme
forme* *Elle est entre les mains de M. le Rapporteur.*   *qu'ont fait les Sieurs d'Etampes, Martigue & Montpensier.
3°. Sans que l'Amiral de France ny ses Successeurs, se puissent jamais
prevaloir de ces Articles, qui demeurent cassez & abolis, & pour
demeurer les choses ainsi qu'elles estoient auparavant.*

On tire des trois Articles de cette Declaration trois conclusions
indubitables. 1°. Donc ces articles abolis, doivent estre regardez
comme n'ayant jamais esté, & ne peuvent, ny nuire aux uns, ny
servir aux autres. 2. Donc cette Declaration, ne donne aucun nouveau droit au Duc de Mercœur, mais luy confirme seulement
ceux dont joüissoient les Sieurs d'Etampes, Martigue & Montpensier. 3. Donc aprés cette Declaration, la question subsiste en son entier, on en pourroit tirer une. Quatriéme, Donc il estoit inutile
d'entrer dans le détail de cette contestation.

I X.

Il falloit ajoûter que l'Amiral   *La troisiéme Epoque est de 1609.*

de Montmorency s'oppofa à cette Declaration , dés qu'il en euft connoiffance. Il reprefenta qu'elle n'avoit pû eftre donnée fans l'appeller , ny au préjudice de fes Provifions enregiftrées au Parlement de Rennes dés l'an 1596. fous le titre d'Amiral de France & de Bretagne. Il ne falloit pas oublier que dés qu'il fe fut plaint de cette Declaration, il obtint Arreft du 3. Octobre 1611.

L'Amiral de Damville ayant encore fait de nouveaux troubles à la poffeffion legitime des Gouverneurs, fous pretexte de quelques Declarations de 1596. obtenuës à l'occafion de la difgrace de M. de Mercœur Gouverneur , le Roy voulant prevenir les defordres , confirma par une Declaration expreffe le droit & la poffeffion des Gouverneurs dans les droits d'Amirauté.

qui le maintient dans la poffeffion de fes droits en Bretagne, en attendant que le Duc de Vendofme eut produit les preuves & les titres de fa pretention ; que cet Arreft fut fuivy d'un fecond , & celuy-là d'un troifiéme , qui ordonne que dans fix femaines le Duc de Vendofme produira tout ce que bon luy femblera pour la juftification de fes droits & pretentions, & cependant fait de nouvelles défenfes au Parlement de connoiftre des matieres dont la connoiffance eftoit prétenduë par l'Amiral de France . Enfin que M. de Vandofme n'ayant pû produire aucun titre , l'Amiral demeura en pleine poffeffion des fonctions d'Amirauté en Bretagne jufques à la fuppreffion de fa Charge, qui fut en 1626. Ces petites circonftances fervent à mettre l'Epoque dans tout fon jour , & à faire voir au jufte de quel poids peut eftre la Declaration de 1609.

X.

Les nouvelles creations d'Officiers ne regardent que la pure volonté du Roy , ainfi elles n'ont rien de commun avec la queftion dont il s'agit.

X.

La quatriéme Epoque eft de 1613. M. de Montmorency ayant encore tenté de faire quelques innovations dans la Marine de Bretagne , contraires à l'ancienne forme du Gouvernement de cette Province , &

les Eftats s'en eftant plaint au Roy & ayant fait à Sa Majefté de tres-humbles remontrances , Elle declara de nouveau par fes Lettres patentes de 1613. fes intentions , & qu'Elle n'entendoit point que fa Province de Bretagne fut furchargée ny d'aucune creation d'Officiers d'Amirauté ny de nouveaux droits.

X I.

Ces Lettres ny cet Arreft ne peuvent jamais eftre regardez comme un titre. Le Marefchal

X I.

La cinquiéme Epoque eft de 1626. Le Roy ayant lors fupprimé la Charge d'Amiral de France & en

de Themines expose au Roy que la clause qui avoit esté inserée dans ses Lettres , portant suppression de l'Amirauté de Bretagne , pourroit faire grand tort aux droits & à la possession des Gouverneurs pour l'Amirauté de cette Province. Le Roy répond qu'il n'a pas entendu préjudicier à ses droits ny à cette possession; il ne juge pas que les Gouverneurs ayent aucune possession ny aucuns droits sur l'Amirauté : mais il declare seulement , qu'il n'a point entendu par les Lettres dont on se plaint préjudicier aux droits qu'il pretend avoir. Ainsi dés qu'on ne se sert point contre les Gouverneurs de cette suppression d'Amirauté de Bretagne , ils ne sçauroient tirer aucun usage de ces Lettres.

ayant créé une autre avec les mesmes fonctions , mais sous un autre titre de Grand Maistre , Chef & Sur-Intendant General de la Navigation & Commerce de France en faveur de M. le Cardinal de Richelieu , & ayant au mesme temps donné le Gouvernement de Bretagne à M. le Mareschal de Themines , il avoit inseré dans ses Lettres la clause de suppression de l'Amirauté. Les Estats de Bretagne representerent à Sa Majesté que cette clause pourroit estre un pretexte de troubler les Gouverneurs ; ce qui donna lieu à un Arrest du Conseil , & à une Declaration en 1626. portant que Sa Majesté n'avoit point entendu par cette clause de suppression d'Amirauté de Bretagne , faire aucun changement ny prejudicier aux droits & à la possession des droits d'Amirauté pour les Gouverneurs de Bretagne.

X I I.

On fait la mesme réponse à cette cinquiéme Epoque lorsque le Roy declare , qu'il veut maintenir sa Province de Bretagne dans ses Privileges , & pricipalement pour ce qui regarde la Marine &c. Il ne decide pas , que la Province a tels ou tels Privileges , mais seulement qu'il veut la maintenir dans les Privileges quels qu'ils puissent estre , dont elle est en possession en vertu de bons titres , & qui luy ont esté legitimement accordez. La question subsiste donc toûjours en son entier , il faut voir quels sont ses Privileges.

X I I.

La sixiéme Epoque est celle du ministere de M. le Cardinal de Richelieu , pendant lequel ayant par son credit extraordinaire & à la faveur d'une concession des droits d'Amirauté de Bretagne , voulu innover contre la possession du Gouverneur , il ne desapprouve pas la resistance & les restrictions que le Parlement de Bretagne crut estre obligé pour les interests de sa Province d'apporter à l'enregistrement des Lettres , le Parlement marquant qu'il n'y consentoit que personnellement pour M. le Cardinal de Richelieu , & uniquement à cause des grands services qu'il avoit rendu à l'Estat. Le Roy mesme pour éviter

dans la suite toutes difficultez , pourveut M. le Cardinal de Richelieu

à

à la Charge de Gouverneur de la Province , afin que les fonctions d'A-
miral de France ⁊) de Gouverneur de Bretagne, eftant confonduës dans
la perfonne de M. le Cardinal , il n'eut plus aucun obftacle au plein
exercice des droits d'Amirauté en Bretagne : mais il eft fi vray neantmoins que l'on n'a jamais crû en Bretagne que ce fut en vertu des Lettres
⁊) de la Charge de Chef de la Navigation que M. le Cardinal joüit des
droits d'Amirauté dans la Province ; qu'eftant decedé , & aprés fa
mort le Roy ayant pourveu de la mefme Charge M. le Marquis de Brezé,
qui demanda enfuite au Parlement de Bretagne l'enregiftrement de fes
Provifions , les gens des trois Eftats en ayant eu avis, prefenterent auffi
leur Requefte en 1643. & fupplierent le Parlement de furfeoir l'enregiftrement jufqu'à ce qu'ils euffent fait leurs tres-humbles remontrances au
Roy. Ils les firent le 21. Fevrier 1643. reprefentant que fi en confideration des fignalez fervices que M. le Cardinal de Richelieu avoit rendu
au Roy , & des deux qualitez de Gouverneur & de Sur-Intendant de
la Navigation que le Roy avoit unies en fa perfonne, la Province ne
s'eftoit pas oppofée à l'enregiftrement des Edits & Declarations donnez
en fa faveur, quoy que tres-ruineufes & tres-prejudiciables à la Province, M. le Marquis de Brezé ne pouvoit pretendre les mefmes graces
quoy que pourveu de la mefme Charge , eftant feparée de celle de Gouverneur : A quoy Sa Majefté répondit , qu'Elle vouloit maintenir fa
Province de Bretagne dans fes Privileges , particulierement pour ce
qui concerne la Marine , la liberté du Commerce ⁊) le foulagement de
fes Peuples dans le trafic, &c.

X I I I.

Si un Arreft par défaut eft precedé d'une proteftation folemn-
nelle , comme celuy de 1655. peut
eftre regardé comme une Epoque , du moins ne peut-il eftre
regardé comme un titre bien fo-
lide , fur tout lors qu'il s'agit des
droits d'une Charge de la Couronne , & que l'execution de cet
Arreft n'a couru que contre deux
Amiraux mineurs; cela eft fi con-
ftant qu'il eft inutile de s'amufer
à le prouver.

X I I I.

La derniere Epoque eft enfin celle
de l'Arreft de 1655. & de fon execution dans tout ce qui a fuivy , parce
que M. de Vendofme ayant efté
pourveu en 1650. de la mefme Charge
de Sur-Intendant General des Mers,
c'eft à dire d'Amiral de France , ⁊)
ayant voulu renouveller la pretention des Amiraux de France pour les
droits d'Amirauté en Bretagne contre la poffeffion des Gouverneurs
dont il avoit luy-mefme joüy en
qualité de Gouverneur , l'oppofition
des Eftats de Bretagne donna lieu

à l'Arreft de 1655. fur l'intervention de la Reyne, qui avoit efté pourveuë
du Gouvernement de Bretagne en 1647. Cet Arreft a toûjours efté executé. Les Gouverneurs de Bretagne fucceffivement pourveus avec claufe
d'attribution des droits d'Amirauté dans leurs Provifions , mefme M. le

D

Comte de Toulouse ; & au contraire Messieurs les Amiraux, mesme M. le Comte de Toulouse qui reünit en sa personne les deux Charges, pourveu de l'Office d'Amiral avec exception précise de la Bretagne.

Aprés l'établissement de ces Epoques que les Commissaires Deputez pour plus grand éclaircissement des réponses qu'ils ont à faire dans la suite, ont crû devoir reprendre icy comme les points les plus essentiels touchez par leurs premiers Memoires ; ils estiment aussi necessaire pour la mesme raison representer pareillement à V. M. le plan du contenu dans la grande Requeste du Sieur Secretaire General de la Marine, les Commissaires Deputez ont esté obligez de le suivre, & de s'y conformer dans leur replique, & il sert entierement pour en bien faire entendre en mesme temps l'ordre & l'arrangement.

Le Sieur Secretaire General de la Marine, a divisé sa Requeste en trois parties.

La premiere contient l'abregé de ce qui s'est passé au sujet de l'Amirauté de Bretagne depuis 1532. temps de l'union de cette Province à la Couronne ; les Epoques principales que les Commissaires Deputez ont déja touché & ce qu'ils en reprendront exactement dans la suite de leur Cronologie sur le fait de la possession des Gouverneurs de Bretagne, répondront suffisamment à cette premiere partie.

La deuxiéme partie de la Requeste du Sieur Secretaire General de la Marine renferme l'établissement du pretendu droit de Messieurs les Amiraux de France, ses titres & sa possession pretenduë, les Commissaires Deputez feront voir au contraire solidement que Messieurs les Amiraux n'ont aucun titre pour la Province de Bretagne ; que ceux qui devroient former leur droit le détruisent & resistent mesme au titre de leur pretention ; qu'ils n'ont aussi aucune possession legitime, c'est ce que les Commissaires Deputez établiront dans la seconde partie de leur Memoire, dans laquelle ils reprendront aussi les principales difficultez que le Sieur Secretaire General de la Marine a fait dans la troisiéme partie de sa Requeste qu'il a intitulé de réponses aux objections des Deputez des Estats de Bretagne.

Pour remplir donc par les Commissaires Deputez des Estats de Bretagne, les devoirs de leurs ministeres, défendre les interests & les privileges de leur Province, avec la liberté que V. M. leur en a donnée, soustenir les droits & la possession legitime de ses Gouverneurs en Bretagne, & donner tout le jour que merite une affaire de cette consequence & d'un aussi grand éclat, ils ont crû devoir partager leurs défenses en deux parties principales.

Dans la premiere, ils feront voir que la question qu'on veut renouveler, est une chose jugée par l'Arrest solemnel de 1655. rendu en vostre Conseil V. M. y estant ; que c'est une chose consommée & parfaitement executée, sans qu'il y ait aucun pretexte de reclamer contre cette decision, executée par Messieurs les Amiraux eux-mesmes par une possession publique des Gouverneurs, & qui a esté tranquile depuis cet Arrest.

La seconde, qui demandera beaucoup plus de difcution, est que quand l'Arreft de 1655. n'auroit pas étably une loix inviolable, à laquelle il n'est plus permis de toucher, si V. M. fouhaite que les Eftats de Bretagne rentrent dans le fond des conteftations, le droit & la poffeffion des Gouverneurs de Bretagne dans les droits d'Amirauté, les droits & les privileges de cette Province ne peuvent recevoir d'atteinte que les grandes prerogatives de la Charge d'Amiral ne souffriront point d'alteration pour ne pas exercer le pouvoir, les droits & l'autorité d'Amiral dans la Province de Bretagne, dans toutes leurs étenduës, d'autant moins, que dans les titres mefmes des Provifions des deux derniers Amiraux, M. le Comte de Vermandois & M. le Comte de Touloufe qui meritoient fans doute plus de faveur que les Amiraux qui les ont precedez, la Province de Bretagne en a efté precifément exceptée.

PREMIERE PARTIE.

Chofe jugée par VOSTRE MAJESTE' en connoiffance de caufe fur tous les Moyens, & parfaitement executée.

POUR établir cette premiere partie, fondée fur la decifion mefme de V. M. il est neceffaire d'obferver que la Reyne Mere s'eftant démife de fa Charge de Sur-Intendante Generale des Mers,

X I V.	**X I V.**

Il n'avoit garde de s'en fouvenir, puifqu'il n'en avoit jamais joüy, & qu'au contraire il luy avoit efté fait défenfe par trois Arreft du Confeil de troubler l'Amiral de France dans fes fonctions. Cela a efté fuffifamment prouvé à l'Article 9.

M. le Duc de Vendofme en fut pourveu en 1650. (†) ne fe fouvenant plus qu'en qualité de Gouverneur de Bretagne il a toûjours efté en poffeffion de l'Amirauté en cette Province à l'exclufion des Amiraux de France, il voulut dans cette nouvelle qualité en étendre les pouvoirs, l'autorité & les droits

en Bretagne ; ce qui ayant excité un nouveau trouble, les Etats de la Province & M. le Marefchal de la Meilleraye qui eftoit Lieutenant General au Gouvernement de Bretagne, s'en plaignirent. C'eft ce qui donna lieu à la conteftation jugée par l'Arreft de 1655. contre M. le Duc de Vendofme.

Les Commiffaires Deputez feront voir dans cette premiere partie de leur Memoire ;

1°. Que la chofe a efté nettement jugée par l'Arreft de 1655.

2°. Qu'elle a efté jugée fur les mefmes moyens que ceux qui font aujourd'huy oppofez.

3°. Que quoy que M. le Duc de Vendofme ait affecté de ne pas pro-

duire dans les formes par une juste défiance de son droit, l'affaire a esté decidée en grande connoissance de cause dans toutes les circonstances qui peuvent établir la plus parfaite connoissance, & rendre un jugement solemnel & le plus authentique que la qualité de l'affaire, la qualité des parties interessées, le nom, la reputation & la circonspection du Rapporteur & l'autorité de ce jugement rendu en presence & prononcé par V. M. font voir qu'il est intervenu aprés un examen tres-exact.

<table>
<tr><td align="center">X V.</td><td align="center">X V.</td></tr>
</table>

Il n'y avoit point eu d'autres Gouverneurs, que M. le Duc de Chaulnes, ses Provisions sont de l'année 1670. celles de M. le Comte de Vermandois du 12. Novembre 1669.

4°. Et enfin que la chose a esté consommée, l'Arrest executé ; que non seulement toutes les Provisions accordées depuis par V. M. aux Gouverneurs de Bretagne, ont esté avec tous droits d'Amirauté, expliquées d'une maniere qu'il n'y a pas

lieu de former des doutes, mais encore que dans les Provisions de l'Office d'Amiral de France les droits d'Amirauté dans la Province de Bretagne en ont toûjours esté specifiquement exceptez, jusques-là que dans les Ordonnances qu'il a plû à V. M. de faire depuis au sujet des droits d'Amirauté, Elle a bien voulu autoriser le droit & la possession des Gouverneurs.

I. Question jugée par l'Arrest.

<table>
<tr><td align="center">X V I.</td><td align="center">X V I.</td></tr>
</table>

La question n'a point esté jugée, puis qu'elle n'a point esté examinée ; la preuve la plus certaine que l'on en puisse rapporter, & l'Arrest mesme par défaut rendu contre M. le Duc de Vendosme, dont Mrs les Commissaires Deputez font cependant avec raison le fort de leur défense, mais afin de ne leur pas laisser l'esperance d'en pouvoir tirer le moindre avantage, il n'y a qu'à examiner les termes du dispositif, qu'ils rapportent eux-mesmes.

Le Sieur Secretaire General de la Marine n'a pas luy-mesme revoqué en doute que la question qu'il renouvelle n'ait esté nettement jugée par cet Arrest, les seuls termes de l'Arrest suffisent pour l'établir.

Le Roy voulant terminer le «
differend qui est entre le Sieur «
Duc de Vendosme en qualité de «
Grand-Maistre, Chef, & Sur- «
Intendant General de la Navi- «
gation & Commerce de France «
d'une part, & les trois Estats de «
la Province & Duché de Breta- «
gne d'autre ; sur ce que lesdits «
Etats pretendent que ledit Sieur «

de Vendosme en ladite qualité n'a aucune Jurisdiction en l'estenduë «

dudit

» dudit Pays , & que les Sujets de Sa Majesté , Habitans en iceluy
» ne sont tenus de prendre ses Congez & ses Passeports , soit pour
» faire leur Commerce de Port en Port du Royaume , ou en Terres
» & Seigneuries des Alliez de la Couronne , soit qu'ils entreprennent
» des Voyages de long cours , & que mesme les Capitaines qui ar-
» ment en guerre en ladite Province , n'ont aucune dependance ny
» sujetion audit Sur-Intendant General de la Navigation , & ledit Sieur
» Duc de Vendosme au contraire pretendant exercer ladite Charge
» en Bretagne , ainsi que dans le reste du Royaume , dont elle fait
» partie.

Par ces derniers termes la contestation est nettement expliquée , par l'Arrest mesme. Voicy le dispositif de l'Arrest.

XVII.

Le Roy a ordonné que la Province de Bretagne , joüira des Privileges , Franchises & immunitez concernant la Navigation , ainsi qu'elle en a joüy jusques à present. Il est aisé de voir que cet Arrest n'est fondé que sur la supposition de la pretenduë joüissance des droits d'Amirauté , alleguée depuis si long-temps par les Gouverneurs de Bretagne , le Roy ne decide point que les Gouverneurs , ny les Estats ayent jamais esté dans cette possession , ny dans cette joüissance ; mais il ordonne simplement *que la Province joüira des Privileges , &c. ainsi qu'elle en a joüi jusques à present* , si l'on fait donc voir plus clair que le jour , comme on l'a déja fait , que les franchises , les immunitez , & les privileges , dont a joüi la Province jusques à present , n'ont aucun rapport à la question dont il s'agit ; si l'on montre au contraire comme on l'a déja montré , que les

XVII.

Le Roy estant en son Conseil a ordonné & ordonne , que ladite Province de Bretagne joüira des Privileges , Franchises & Immunitez concernant la Navigation , ainsi qu'elle en a joüy jusqu'à present : Fait défenses au Sieur Duc de Vendosme de l'y troubler ; & en consequence a maintenu & gardé , maintient & garde ladite Dame Reyne en qualité de Gouvernante dudit pays , en toutes les fonctions , pouvoirs & autoritez dépendans de l'Amirauté en ladite Province : Veut & entend Sa Majesté , que ladite Dame Reyne , & en son absence son Lieutenant General audit pays , en joüissent comme ont fait les precedens Gouverneurs , & conformement à l'usage & droits , libertez & privileges de ladite Province. Fait au Conseil d'Estat du Roy , tenu à Paris Sa Majesté y estant le 14. jour de May 1655.

Amiraux ont toûjours esté en possession des droits & des fonctions de leur Charge en Bretagne , comme dans tout le reste du Royaume , il s'ensuivra necessairement , ou que l'Arrest de 1655 ne leur peut

faire aucun tort dans les termes où il eſt rendu, ou qu'eſtant rendu ſur un faux expoſé, il ne peut ſe ſoûtenir, dés que la fauſſeté de
l'expoſé eſt évidemment prouvée.

I I. Queſtion jugée ſur les meſmes Moyens que ceux
qui ſont aujourd'huy propoſez.

Quoy que M. le Duc de Vendoſme qui avoit d'abord ſoutenu ſes
pretendus droits avec beaucoup de hauteur, inſtruit l'affaire & diſtri-
bué ſes Factums dans le public, eut affecté dans la ſuite, ſous pretexte
de l'intervention de la Reyne Mere, de ne plus paroiſtre défendre avec
le meſme zele la pretention de l'Amiral dans les formes ordinaires
dont il ne laiſſoit pas par de nouveaux Memoires imprimez, d'établir
tous les droits, il faut que le Sieur Secretaire General de la Marine
convienne de deux ou trois veritez.

<table>
<tr><td>

X V I I I.

On avoit prevenu & détruire
cette objection dans le premier
Memoire, en diſant que le reſ-
pect qui eſtoit dû à la Reyne
Mere avoit empeſché M. de
Vendoſme & M. de Beaufort,
de ſe pourvoir pendant ſa vie

</td><td>

X V I I I.

La premiere, que l'on ne s'eſt
jamais pourveu contre cet Arreſt;
qu'encore à preſent, quoy qu'il y
ait quarante-cinq ans, les Amiraux
n'ont point reclamé, l'ayant au con-
traire executé.

</td></tr>
</table>

contre cet Arreſt, & ce fut pour empêcher qu'on ne tiraſt aucun
avantage de leur ſilence reſpectueux, que M. de Vendoſme fit
la proteſtation, dont on parlera tout à l'heure.

Aprés leur mort, M. le Comte de Vermandois fut fait Amiral de
France, mais il eſt mort mineur, & n'a jamais fait aucune fonction
de ſa Charge, Monſeigneur le Comte de Touloſe qui luy a ſuc-
cedé en 1683. n'a commencé à en faire les fonctions qu'en 1695. &
dans le temps meſme où le Roy l'ayant pourvû du Gouvernement
de Bretagne, declara en meſme-temps qu'il vouloit juger cette queſtion; ainſi il n'y a eu aucun temps où l'on ait pû ſe pourvoir contre
l'Arreſt de 1655. depuis qu'il a eſté rendu; mais quand on l'auroit pû
faire, cette omiſſion ne pourroit pas eſtre alleguée. 1°. Parce que
ſuivant toutes les regles du Royaume, on n'admet aucune omiſſion,
ny preſcription contre les droits de la Couronne. 2°. Parce que
dés que le Roy declare, qu'il veut juger de nouveau une queſtion,
quelle qu'elle puiſſe eſtre, on ne peut alleguer contre luy aucune
fin de non recevoir.

<table>
<tr><td>

X I X.

Il ne s'agit point icy d'oppo-

</td><td>

X I X.

La deuxiéme, que cet Arreſt n'eſt

</td></tr>
</table>

sition ny d'autres voyes receuës *point de la qualité de ceux qui peu-*
dans les Tribunaux ordinaires, *vent recevoir atteinte par des op-*
puisque personne ne demande, *positions & autres voyes receuës*
personne ne s'oppose, & qu'il ne *dans les Tribunaux ordinaires.*
s'agit que d'obeïr à la volonté
du Roy qui a ordonné qu'on rassemblast de part & d'autre, tous les
Memoires necessaires pour juger la question dont il s'agit ; mais
independamment de tout cela, on peut assurer que la proposition
que M^{rs} les Commissaires Deputez font dans cet Article est si peu
certaine qu'il n'y a que la contradictoire qui soit veritable, & comme
ils ne se sont pas contentez de la mettre en cet endroit-cy seulement,
mais qu'ils la repetent en plusieurs endroits de leur Memoire, &
qu'ils pretendent s'en servir pour donner de la force à toutes leurs
autres raisons, il est absolument necessaire d'en démontrer icy la
fausseté, par un principe, qui ne puisse estre contesté de personne.
Lors qu'un particulier a negligé de se pourvoir, par les formes &
dans les temps qui luy sont prescripts par les Loix contre un Arrest,
qui luy fait quelque prejudice, il n'est pas étonnant qu'il n'y puisse
plus revenir, & il est juste qu'il soit puni par la perte de ses biens,
de la negligence qu'il a euë de s'instruire des Loix de son Pays, ou
du refus qu'il a fait d'y obeïr : mais c'est tout le contraire lors qu'il
s'agit des droits de la Couronne, ou des fonctions d'une Charge
publique, dont un particulier ne peut jamais estre que le simple
dépositaire ; car alors, ny son ignorance, ny sa negligence, ny sa
malice mesme, ne sçauroient nuire à ces *droits sacrez* qui ne peuvent
estre prescripts, ny diminuez, ny acquis par quelque titre ny par
quelque suite de temps que ce soit, & dont *il n'est pas possible au Roy
mesme de se dépoüiller.* Ce sont les termes de l'Arrest de 1385. qui ont
déja esté rapportez dans le premier Memoire, ainsi bien loin que l'i-
gnorance d'un Officier de la Couronne ou sa negligence à défendre
ses droits, ou sa malice mesme à les trahir, si l'on ose supposer, qu'il
pût jamais y avoir d'Officiers de la Couronne qui fussent capables de
le faire, bien loin dis-je, que cela pût jamais nuire à sa Charge, ny à
ses Successeurs. C'est au contraire ce qui les assure d'avantage, & c'est
ce qui a obligé les Rois à declarer si souvent que ces droits sont im-
prescriptibles, inalienables, & ne peuvent jamais tomber au commerce des hommes, attendu comme le dit expressement l'Ordonnance
de 1539. *que telles possessions ou prescriptions, dependent le plus souvent
de la negligence & de la connivence des Officiers*; M^{rs} les Commissaires
Deputez, peuvent donc supposer à leur gré comme ils le font dans
la premiere partie de leur Memoire, tantost que M. de Vendosme
s'est laissé mettre dans une contumace affectée, & qu'il a merité
d'estre condamné, pour avoir refusé de se défendre, tantost qu'il
a produit toutes les raisons qu'il pouvoit produire pour la défense
de sa cause, (quoy qu'il n'ait jamais presenté aucune Requeste

dans cette affaire) parce que difent-ils une proteftation de dix lignes, meditée & concertée avec grand foin, & dans laquelle un homme declare qu'il ne veut point fe défendre, *eft infiniment plus énergique, que tous les difcours les plus étendus*, ils peuvent fuppofer s'ils le jugent à propos depuis la mort de M. de Vendofme, non feulement deux Amiraux mineurs, qui n'ont pû ny acquiefcer à l'Arreft dont il s'agit, ny s'y oppofer, mais un fi grand nombre qu'il leur plaira d'Amiraux majeurs, qui auront reconnu cet Arreft, & qui l'auront executé dans tous fes Chefs, tout cela fera encore abfolument inutile à la decifion de la queftion, & il en faudra toûjours revenir aux principes, à moins qu'on ne voulut faire ces étranges raifonnemens, qui ne tomberont jamais dans l'efprit de perfonne. M. le Duc de Vendofme a refufé de fe défendre en 1655. dont il faut priver une Charge de la Couronne des droits & des fonctions qui luy appartiennent legitimement par toutes les Loix du Royaume. Ses Succeffeurs ont negligé de fe pourvoir contre l'Arreft, qui l'avoit condamné par défaut, & l'ont mefme executé, croyant qu'il leur eftoit impoffible de revenir contre fes difpofitions donc il faut contre toutes les Loix du Royaume, & le droit incontestable de toutes les Charges de la Couronne, que l'autorité de l'Amiral de France, ne foit plus reconnu en Bretagne où elle l'avoit toûjours efté auparavant.

X X.

Il eft difficile à concevoir que l'Arreft de 1655. ait pû eftre rendu fur les mefmes moyens qu'on allegue aujourd'huy en faveur des Amiraux de France, puis qu'on n'allegue dans le vû aucun autre moyen que ceux des Eftats de Bretagne qui y font expliquez feuls & dans toute leur étenduë, & qu'il eft porté tres-expreffement *qu'il n'a efté rien produit de la part de M. de Vendofme.* C'eft un prodige innoüy, qu'un Arreft qui eft en même temps Arreft par défaut & Arreft contradictoire.

X X.

La troifiéme, qu'il a efté rendu fur les mefmes moyens qui font aujourd'huy propofez.

Les Etats de la Province avoient mis M. le Duc de Vendofme dans un Eftat de contumace affeftée. Il avoit efté ordonné par un premier Arreft du 22. Decembre 1654. qu'il rapporteroit fes pieces. M. le Duc de Vendofme fe fervit d'une maniere toute finguliere pour faire valoir les droits de Meffieurs les Amiraux fans paroiftre, & peut-eftre avec plus de force que s'il avoit fait des Inventaires, des Productions & donné des autres Ecritures dans la forme judiciaire, parce que cet Arreft de 1654. luy ayant efté fignifié, il s'avifa lors de la fignification de propofer fes défenfes fous le titre fpecieux de proteftation qu'il figna.

Les termes de cette proteftation font tranfcrits dans la Requefte du Sieur

Sieur Secretaire General de la Marine, mais sans les reflexions necessaires pour faire connoistre que cette défense en forme de protestation contient en effet ce qu'on pouvoit dire de plus fort pour l'établissement des droits des Amiraux de France.

Lequel Seigneur a fait réponse, qu'il a appris que les Deputez des Estats de Bretagne, par la sollicitation du Sieur de la Meilleraye, ont mandié & obtenu l'intervention de la Reyne ; & le nom de Sa Majesté estant en cause, ledit Seigneur Duc ne peut ny ne doit entrer en contestation sur les fonctions & droits de sa Charge en la Province de Bretagne, & pour ce que sadite Charge est Office de la Couronne qui ne peut souffrir de demembrement d'aucune des Provinces unies ; il n'a qu'à supplier tres-humblement Sa Majesté d'en considerer les consequences pour l'avenir, protestant neantmoins tant pour luy que pour ses Successeurs en ladite Charge, qu'en cas que lesdits Estats de Bretagne obtiennent Arrests & Declarations contraires à ce qui appartient à la Charge de Grand-Maistre, Chef & Sur-Intendant General du Commerce & Navigation de France, par les Edits & Declarations verifiez mesme au Parlement de Bretagne, de se pourveoir contre les usurpations dudit Sieur de la Meilleraye sur icelle, lors qu'ils ne seront plus favorisez des Puissances. Et a ledit Seigneur signé.

Pour peu qu'on veüille reflechir sur les termes étudiez & concertez de cette protestation, l'on trouvera qu'elle contenoit les moyens les plus forts de la défense des Amiraux de France.

En effet, il insinuë d'abord que ce n'est point la cause de la Reyne Mere, que les Estats de Bretagne en ont mandié & obtenu l'intervention, estimant par ce tour adroit détourner la faveur qu'il vouloit cependant persuader que le nom auguste de la Reyne Mere pouvoit donner au droit des Gouverneurs de Bretagne.

2°. Il se flattoit mesme par ce premier trait de rejetter le poids de toute l'affaire sur M. le Mareschal de la Meilleraye qui estoit le Lieutenant General de la Reyne au Gouvernement de cette Province, en tâchant d'en détacher encore les Estats, & de faire croire que les interests de la Province n'y estoient pas engagez.

3°. Il ajoûte ensuite que le nom de la Reyne estant en cause, il ne pouvoit ny ne devoit entrer en contestation sur les droits & fonctions de sa Charge ; comme si s'agissant uniquement de la contestation qu'il avoit luy-mesme excitée, du droit (a) de la possession des Gouverneurs de Bretagne dans les droits d'Amirauté de cette Province, il pouvoit se dispenser de le soutenir, & s'il devoit apprehender que la Reyne Mere dont toute la France a connu la justice & la droiture eut voulu employer son autorité pour soutenir une pretention qu'Elle n'avoit pas elle-mesme estimée juste.

4°. Quoy qu'il eut marqué en la premiere partie de sa protestation cette pretenduë circonspection & ce respect pour le nom auguste de la

Reyne qui paroiſſoit partie en cauſe, il ne laiſſe pas dans la ſuite d'expliquer nettement le fondement du pretendu droit des Amiraux : Et parce que ſa Charge eſt Office de la Couronne qui ne peut ſouffrir de demembrement d'aucune des Provinces unies, il n'a qu'à ſupplier tres-humblement Sa Majeſté d'en conſiderer les conſequences pour l'avenir. *Il n'y a perſonne qui ne trouve dans cette défenſe les moyens capitaux des Amiraux de France : Il ſoutient que ſa Charge eſt un Office de la Couronne qui ne peut ſouffrir de demembrement d'aucune des Provinces. Il ſoutient que la Bretagne eſtant une des Provinces unies à la Couronne, le titre d'Office de la Couronne y doit étendre ſon effet; qu'autrement il en ſouffriroit le demembrement, ce qui ſeroit contraire aux droits de la Couronne. Et à l'effet de l'union de la Bretagne à la Couronne, n'eſt-ce pas en effet dans ce moyen capital que conſiſte encore aujourd'huy tout le pretexte du droit des Amiraux de France propoſé, agité, étendu & confirmé par le Sieur Secretaire General de la Marine.*

5°. *M. de Vendoſme continue enſuite ſa proteſtation, tant pour luy que pour ſes Succeſſeurs.* L'on connoiſt par ſes termes qu'il n'a point encore manqué de faire valoir les droits des Amiraux de France, non ſeulement perſonnellement en ſa faveur, mais encore pour ſes Succeſſeurs.

6°. *Il ajouſte à ſa proteſtation, qu'en cas que les Eſtats obtiennent Arreſts ou Declarations contraires à ce qui appartient à ſa Charge par les Edits & Declarations verifiez meſme au Parlement de Bretagne, de ſe pourveoir.* L'on voit encore écrit dans ſes termes le moyen que le Sieur Secretaire General de la Marine pretend faire valoir; ce qui eſt fondé, ſur ce que les Edits & Declarations concernant l'Amirauté & les Proviſions des Amiraux, ont eſté verifiez au Parlement de Bretagne; ce qui auroit eſté inutile s'ils n'avoient point de pouvoir ny d'autorité en cette Province, bien loin de donner les mains par M. de Vendoſme par deference & par reſpect, il ſoutient que ces droits apartiennent à ſa Charge, aux termes meſmes des Arreſts du Parlement de Bretagne; Il proteſte contre ce qui pourroit eſtre jugé au préjudice; Il qualifie enfin la pretention des Gouverneurs & des Eſtats, contre laquelle il fait ſa proteſtation d'uſurpation de M. le Mareſchal de la Meilleraye; & pour y donner plus de couleur, il proteſte de ſe pourveoir lors qu'elle ne ſera plus favoriſée des Puiſſances.

Bien loin que l'on remarque dans ſes paroles de ces grands témoignages de reſpects & de ſoumiſſion que le Sieur Secretaire General de la Marine a voulu relever; ſi on en examine tous les termes, qu'on en peze toutes les conſequences, les termes de pretention favoriſée des Puiſſances juſtifient des demarches toutes contraires.

L'Acte de ces proteſtations qui contient en effet la ſubſtance de tout ce qu'il y avoit de plus fort pour maintenir le pretendu droit des Amiraux, a eſté veu & examiné lors de l'Arreſt; il eſt employé preciſément dans le veu de l'Arreſt que le Sieur de la Moignon Rapporteur a redigè avec ſoin, afin que l'on connuſt à l'avenir que les moyens de Meſſieurs les

*Amiraux avoient esté examinez, il en a mesme usé avec cette sage cir-
conspection, qu'il les a voulu employer dans l'estat des contestations &
des pretentions respectives qu'il a expliqué au commencement de l'Arrest,
en ces termes :* Et ledit Sieur Duc de Vendosme au contraire pretendant exercer sa Charge en Bretagne ainsi que dans le reste du
Royaume dont elle fait partie. *Le Sieur Rapporteur ayant voulu dans
ces paroles renfermer tout le droit de la pretention de M.rs les Amiraux
de France , fondée sur ce que se pretendans Amiraux dans toute la
France , ils pouvoient exercer leur pouvoir en Bretagne comme en devant
faire partie depuis l'union de cette Province. L'Original de cette protestation signée de M. de Vendosme , qui se trouve employée dans le veu
de l'Arrest , se trouve encore aujourd'huy avec d'autres pieces curieuses
dans la Biblioteque du Sieur President de la Moignon fils du Premier
President , qui estoit lors Maistre des Requestes & Rapporteur de
l'affaire.*

X X I.

Il n'est pas étonnant que M.
de Vendosme ait tâché de rendre sa protestation non seulement la plus respectueuse qu'il
estoit possible, mais qu'il ait encore voulu la rendre raisonnable,
& que pour cela il ait fait voir en
mesme-temps, les raisons considerables qui l'empechoient de
se défendre, & les moyens soli-
des qu'il eut eu pour le faire, s'il
eut crû le pouvoir entreprendre
avec succez ; mais on ne peut
pas croire que M.rs les Commissaires Deputez veüillent serieusement regarder ces quatre lignes, comme une défense legitime & comme une instruction
suffisante, pour mettre des Juges en estat de prononcer valablement dans une affaire de l'importance de celle-cy.

X X I.

*Il est donc certain , que M. le
Duc de Vendosme a fait tout ce qu'il
devoit , pour instruire pleinement
le Conseil de V. M. de ses raisons,
& de le mettre hors d'estat de les
ignorer , quand il ne les auroit pas
penetré comme l'on n'en peut douter , estant principalement fondées
sur le droit public.*

*Ce n'est pas seulement par ces
moyens les plus specieux , dont le
precis est écrit dans les protestations
de M. de Vendosme , signifiées, examinées , employées dans l'Arrest,
que l'on trouve les preuves, qu'on
n'a rien negligé pour la défense des
Amiraux de France lors de cet Arrest. On a remarqué encore qu'on
les avoit étably avec plus d'eten-
duë dans les Factums distribuez à
pleine main à toute la France , qui se
trouvent encore dans le Receüil des
pieces concernans les droits de M.rs*

*les Amiraux de France , & donnée au public par le Sieur Godefroy Hi-
storiographe de V. M. en 1658. de l'Imprimerie Royale.*

*Il est tres-important d'en relever les principaux endroits , par appli-
cation à ce qu'on propose aujourd'huy pour faire voir qu'auparavant*

l'Arreſt, l'on n'avoit rien oublié pour les intereſts des Amiraux de France, & qu'on avoit propoſé les meſmes moyens, non pas avec toute la délicateſſe, avec tous les agréemens que y a donné le Sieur Secretaire General de la Marine par ſa Requeſte, n'y avec la meſme litterature, mais dans la meſme force & la meſme confiance.

XXII.

Cette propoſition eſt abſolument contraire à tous les principes de l'ordre judiciaire. Il n'eſt point vray que des Factums ſans noms d'Autheurs & non ſignifiez, ſoient autant conſiderez dans l'inſtruction d'une affaire, que les pieces fournies par les parties & dans les formes preſcriptes par les Loix. Il eſt encore moins vray de dire, *qu'en quelque forme, & de quelque maniere que des raiſons qui peuvent ſervir à la deciſion, ſoient expliquées aux Juges, qui doivent decider, elles ont toûjours également leur poids,* qui ne ſçait que ſans compter les affaires criminelles, il y en a une infinité d'autres, où il n'eſt pas permis aux Juges de ſuppléer les raiſons qu'ils ſçavent lors qu'elles ne ſont pas alleguées par les parties.

XXII.

Il eſt certain que ces Factums pour n'avoir pas eſté ſignifiez dans l'ordre judiciaire & pour n'en avoir pas compoſé une production, n'ont pas eſté moins conſiderez en quelque forme & de quelque maniere, que des raiſons qui peuvent ſervir à la deciſion ſont expliquées aux Juges qui doivent decider; elles ont toûjours également leur poids, principalement quand elles ſont publiques, qu'elles ſont connuës de tout le monde, & qu'elles ne dépendent point d'inſtructions particulieres. Dira-t'on que devant decider, ainſi que le Sieur Secretaire General de la Marine le pretend luy-meſme, elles euſſent eſté mépriſées pour condamner un droit & une pretention legitime?

Dira-t'on que ces Factums dans une affaire d'un auſſi grand éclat ayent eſté faits & diſtribuez dans le public pour la défenſe des droits

& des pouvoirs des Amiraux de France ſans la participation de M. de Vendoſme qui eſtoit reveſtu de ce titre important?

XXIII.

Ce n'eſt pas la peine de diſputer là-deſſus, il ſeroit ſeulement à ſouhaiter que Mrs les Commiſſaires Deputez en rapportant toutes les pretenduës raiſons qui ont eſté alleguées de M. de Vendoſme, rapportaſſent, auſſi les réponſes que l'on y fit alors.

XXIII.

Les Commiſſaires Deputez ont donc intereſt de faire voir exactement qu'on n'a rien obmis dans ces Factums des moyens que propoſe aujourd'huy le Sieur Secretaire General de la Marine.

Son moyen Capital eſt, que l'Office d'Amiral eſt un Office de la Couronne titré

titré de France, que ſes pouvoirs (*) ſon exercice à l'exemple des Charges de Conneſtable (*) de Chancellier de France, doivent eſtre étendus dans tout le Royaume, & par conſequent dans la Bretagne qui en fait à preſent partie en conſequence de l'union de cette Province.

<table>
<tr><td>

X X I V.

Il ſuffira d'y répondre en ce temps-là.

</td><td>

X X I V.

Les Commiſſaires Deputez feront voir dans la ſeconde partie, que ce pretexte & l'exemple ſur lequel

</td></tr>
</table>

en l'établit, n'ont aucun fondement & ne peuvent encore moins avoir dans l'application qu'on en fait : Mais il s'agit à preſent de faire connoiſtre que ce moyen a eſté relevé par M. de Vendoſme dans toute ſa force & dans toutes les conſequences qu'on en veut tirer.

Voicy les termes dans leſquels M. de Vendoſme s'en expliquoit dans ſon Factum de mil ſix cens cinquante, tranſcrit dans le Sieur Godefroy. Les pouvoirs attribuez à la Charge d'Amiral ſont Droits Royaux inſeparables de la Charge, qui n'en peuvent eſtre diſtraits & ſeparez, ny reſtraints à quelques Provinces particulieres pour ne ſe pas étendre aux autres ; c'eſt le propre des Offices & Charges de la Couronne & qui ſont titrées de France, de n'avoir autres bornes en leur pouvoir que les limites du Royaume, comme il ſe voit au pouvoir & droits des Chancelliers de France, Conneſtables & Mareſchaux de France, à la difference de ceux qui n'ayant pas ce titre de France, ont leur pouvoir limité à quelques Provinces : Auſſi comme la Couronne de France enferme la Bretagne avec toutes les autres Provinces qui compoſent le Royaume, la raiſon de l'Etat ne peut permettre que l'on en deſuniſſe la circonference par le demembrement de l'un des principaux Offices de cette meſme Couronne, les conſequences en ſeroient trop dangereuſes. *L'on n'eſtime pas qu'on puiſſe pouſſer le moyen plus loin & que M. de Vendoſme ait obmis les conſiderations publiques ; la raiſon de l'Etat, l'intereſt de la Couronne, l'effet de l'union, le titre de l'Office de la Couronne, l'exemple des Offices de Conneſtable & de Chancellier ; en un mot tout ce* que le Sieur Secretaire General de la Marine veut faire valoir avec tant de confiance. Son premier titre eſt donc parfaitement étably par le Factum. Pag. 29.30. 31.32. & 33.

Le ſecond de ſes titres dont il ſe ſert, eſt fondé ſur de pretenduës Lettres Patentes de François I. de 1544. par leſquelles ce Prince a dit ou declaré, qu'au moyen de l'union de la Bretagne à la Couronne, l'Amirauté en a eſté jointe à celle de France pour en jouïr par l'Amiral Dannebaut, qu'on dit avoir obtenu cette Declaration, & par les autres Amiraux ainſi que de l'Amirauté de France. Pag. 55. 46. & 47.

<table>
<tr><td>

X X V.

La deciſion eſt nette & preciſe,

</td><td>

X X V.

Les Commiſſaires Deputez feront

</td></tr>
</table>

mais il ne sera pas impossible que M^rs les Commissaires Deputez ne se trouvent dans la necessité de chercher une autre réponse à cette piece.

voir dans la suite que cette Declaration qu'on ne rapporte point parce qu'elle n'a jamais esté, est une piece apocrife qui est mesme impossible, mais il ne s'agit icy que de faire voir que M. de Vendosme s'en est encore servy, *qu'il l'a transcrite* toute entiere dans son Factum, *qu'il en a relevé toutes les circonstances, qu'il l'a mesme appuyée sur le témoignage d'un Auteur, voicy comme M. de Vendosme s'en expliquoit dans le Factum de mil six cens cinquante.* Ce fut en sa faveur (parlant de l'Amiral Dannebaud, que le Roy François I. pour oster tout pretexte de contestation sur les pouvoirs d'Amirauté en Bretagne, attribuez à sa Charge d'Amiral de France, voulut s'en expliquer par une Declaration du 14. Avril mil cinq cens quarante-quatre,) *Il l'a transcrite ensuite toute entiere (continuë, il est à remarquer que lesdites Lettres en estoient addressées au Dauphin Duc de Bretagne, & si l'Amirauté de Bretagne eut esté annexée au Gourvernement dudit Pays, le Roy ne l'auroit pas ostée à M. son Fils, pour la donner à un étranger, & à un de ses Sujets. Il* Folio 45. *ne se peut rien encore de plus specieux pour donner quelque couleur à ce pretendu titre ; c'est aussi précisément la mesme observation qu'a fait le Sieur Secretaire General de la Marine.*

XXVI.

On parlera de ces titres lors que M^rs les Commissaires Deputez expliqueront ce qu'ils ont à y répondre.

XXVI.

Il fonde pareillement le droit de M^rs les Amiraux sur deux autres Lettres patentes de 1582. addressées mesme au Parlement de Bretagne, l'une pour établir les pouvoirs de l'Amiral de France, *& luy donner droit de pourvoir aux Offices de Marines que Henry II. s'estoit reservé. L'autre sur le mesme fait de l'Amirauté, dans lesquelles il parle des droits attribuez à l'Amiral de France & de Bretagne, avec défenses aux Gouverneurs d'en connoistre. L'induction de ces titres sera détruite dans la suite, mais il faut faire voir que M. de Vendosme ne manquoit pas non plus de tirer de ces mesmes pieces les mesmes consequences, elles sont aussi reprises dans le mesme Factum de 1650. Lettres patentes du 24. jour de Juin 1582. regi-* Godefroy *strées au Parlement de Rennes où sont amplement énoncez les pouvoirs* Pag. 57. *de l'Amiral de France, és Ports, Havres, Chasteaux & Places Maritimes, (Costes de toutes les Provinces du Royaume, & pour ordonner des dépenses qui s'y doivent faire & des Armemens ; voilà la premiere* Pag. 50. *de ces deux Ordonnances. Il rapporte ensuite la 2. du 6. Aoust 1582. il en transcrit mesme l'extrait plus au long, (il les fait encore valoir dans un autre endroit, & ajoûte, que le Parlement de Bretagne ne les* Fol. 56.

auroit pas verifiées fi les Amiraux de France n'avoient point eu les droits d'Amirauté en Bretagne.

L'un des titres confidcrables fur lequel le Sieur Secretaire General de la Marine veut appuyer les droits de M l'Amiral , eſt le don du Roy de 1596. accordé à l'Amiral de Damville , des droits d'Amirauté refer- vez à fa Majefté par les Ordonnances , en ce qu'il eſt enregiſtré en la Chambre des Comptes de Bretagne.

XXXVII. XXVIII. & XXIX. Idem.　　　*X X V I I.*

On tachera de foûtenir ce moyen lors que M[rs] les Com- miffaires Deputez entrepren- dront de le renverfer.

Cette conceſſion ne peut faire au- cune confequence , les Commiſſaires Deputez le mont eront dans la fuite, mais ils obferveront en cet endroit que M. de Vendofme n'a pas auſſi manqué de s'en fervir dans fon factum en ces termes.

Il obtint du Roy (parlant de M. de Damville) le don de tous les deniers provenus , & qui proviendroient des droits d'Amirauté, qui par les Ordonnances font refervez à fa Majefté par Lettres patentes du 10. Octobre 1596. verifiées en la Chambre des Comptes de Bretagne , lors établie à Rennes par Arreſt de ladite Chambre du deuxiéme May enfuivant.

Godefroy pag. 56.

X X V I I I.

La principale réponfe du Sieur Secretaire General de la Marine au moyen important des Commiſſaires Deputez tiré des Provifions des Gouverneurs , dans lefquelles les droits d'Amirauté font expreſſement employez , eſt qu'elles contiennent la claufe ordinaire d'en joüir comme en avoient joüy leurs Predecaſſeurs bien & deuëment , pretendant que cette claufe ne donne aucun droit.

Pag. 48.

Les confequences de ces claufes , & qu'elles juſtifient toûjours la poſſeſſion des Gouverneurs de Bretagne , feront établies dans la fuite, parce que dans les Provifions des autres Gouverneurs de Province qui n'ont point pareil droit, l'on ne s'eſt pas avifé d'y employer les droits d'Amirauté , mais il fuffit de faire valoir en cet endroit que M. l'Ami- ral lors de la conteſtation de 1655. ne manqua pas d'apporter les mefmes réponfes en ces termes. Se refferent à ce dont les Ducs de Mercœur & de Vendofme ont joüy ou dû joüir pendant qu'ils eſtoient Gou- verneurs , fi bien qu'il n'y a qu'à examiner la joüiſſance de l'un & de l'autre , & quelle a eſté lors celle de l'Amiral.

Godefroy pag. 51.

X X I X.

Le Sieur Secretaire General de la Marine propofe encore comme un

Godefroy pag. 51. fol. 49.

grand moyen l'enregistrement au Parlement de Bretagne , des Provi-sions des Amiraux de France ; (t) repondant aux remontrances des Estats & aux simples modifications du Parlement de Bretagne, il dit, que Godefroy pag. 56. & 57. *ny les Estats ny le Parlement n'ont pû retrancher les droits de l'Ami-ral, M. le Duc de Vendosme se servoit encore de ce moyen, dont les Commissaires Deputez renverseront dans la suite toute l'induction.*

Enfin le Sieur Secretaire General de la Marine a pretendu apuyer le droit de M.rs les Amiraux de France , sur les Arrests de Provision de 1611. & de 1625. obtenus par M.rs de Montmorency Amiraux , dans des temps ausquels les Gouverneurs de Bretagne n'estoient pas en estat de se défendre. C'est ce qui sera relevé sur les faits de la possession.

Mais il faut toûjours remarquer que M. de Vendosme y insistoit for-tement soustenu dans son Factum de 1650. Godefroy pag. 52.

X X X.

Il est inutile de s'arrester à cet examen ; il ne s'agit pas icy de sçavoir qui a fourny le premier ces moyens, mais seulement de voir ce que l'on y peut répondre.

X X X.

Les Commissaires Deputez doi-vent donc conclure de ce détail exact, qu'il n'y a pas un moyen qui puisse favoriser la pretention des Amiraux de France qui n'ait esté proposé & soutenu par M. de Vendosme lors de l'Arrest de 1655. qui les a lors condamné.

Troisiéme Question solemnellement jugée.

X X X I.

M.rs les Commissaires Deputez font icy comme ces habiles Ca-pitaines qui allument des feux pendant la nuit sur toutes les hauteurs qui environnent leur Camp, afin de le faire paroistre plus grand qu'il n'est en effet. L'autorité d'une decision solem-nelle, le poids de l'affaire , la qualité des Parties, les noms, la circonspection & la reputation du Rapporteur, le respect qui est dû à l'auguste memoire de la feuë Reyne Mere de sa Majesté, & en-fin l'autorité de sa Majesté même. Il n'y a rien en effet de si difficile dont on ne pût venir à bout avec

X X X I.

Non seulement la question est precisément jugée par l'Arrest de 1655. non seulement elle a esté deci-dée en connoissance de cause , mais toutes les circonstances qui peuvent relever avec plus d'éclat l'autorité d'une decision solemnelle, concourent dans cette espece le poids de l'affaire, la qualité des Parties , le nom, la circonspection & la reputation du Rapporteur , (t) enfin l'autorité de V. M. qui a Elle-mesme prononcé le jugement & donné le dernier caractere de perfection à cet ouvrage de la Justice.

Bien loin que l'intervention de la Reyne Mere que V. M. avoit

un

un tel ſtratagême , hormis de prouver comme M^rs les Com-miſſaires Deputez l'ont entrepris, qu'un Arreſt par défaut eſt d'un plus grand poids dans une affaire de cette nature , que ne ſeroit un Arreſt contradictoire ; & qu'une queſtion eſt infiniment mieux éclaircie lors qu'on n'en-tend qu'une des parties, & que l'autre ne fait qu'une ſimple pro-teſtation, que ſi on les entendoit toutes deux contradictoirement.

pourveu du Gouvernement de Bre-tagne , & qui autoriſoit par ſon ſuffrage les intereſts de la Province, le droit & la poſſeſſion des Gouver-neurs , ſoit une circonſtance favo-rable à M^rs les Amiraux , il ne faut point de preuve plus autenti-que de la foibleſſe de leur droit, & au contraire de la faveur & de la juſtice de la cauſe des Eſtats de Bretagne.

XXXII. XXXIII. XXXIV.

Le Secretaire General de la Marine , remply du profond reſ-pect qui eſt dû à la memoire d'une des meilleures Reines qu'ait jamais eu la France , ſou-ſcrit ſans aucune reſerve à tout ce qui eſt porté dans ces trois Articles : Il eſt perſuadé que cette grande Princeſſe n'a ſouffert qu'on s'oppoſat ſous ſon nom aux droits legitimes des Amiraux de France , que par ce qu'elle les regardoit en effet comme con-traires aux veritables Privileges de la Bretagne , & qu'on l'avoit aſſeurée , que la pretention des Amiraux , n'eſtoit qu'une uſur-pation dans ſon principe & dans ſon progrez , comme on le dit encore aujourd'huy. Et comment ne l'auroit-elle pas crû ; on pu-blioit par tout que les Contracts de Mariage d'Anne de Breta-gne. Les Lettres de reünion de cette Province à la Couronne, les Privileges qui luy avoient eſté accordez , portoient en termes exprez la reſerve de tous les droits d'Amirauté en faveur du

X X X I I.

En effet , peut-on ſeulement pen-ſer ſans bleſſer le reſpect qu'on doit à la memoire de cette auguſte Reyne dont le ſouvenir precieux eſt ſi pro-fondement gravé dans le cœur des François , que ſi dans cette preten-tion de l'Amiral de France on euſt pû faire entrer par quelqu'endroit le bien de l'Eſtat que les droits du Royaume , les prerogatives des Offi-ces de la Couronne titrez de France, s'y fuſſent trouvez intereſſez en quelque maniere , la Reyne Mere eut voulu engager ſon miniſtere pour donner quelque atteinte , pour en diminuer l'éclat , & pour oſter, com-me on l'a pretendu , un des fleurons de la Couronne. La pieté ſinguliere de cette grande Princeſſe , l'amour de la verité & de la juſtice qui l'a toûjours animé , le zele , le bien de l'Etat pour l'avantage & pour le bon ordre du Royaume , l'attache inviolable aux intereſts de la Cou-ronne de France , à la conſervation de ſes droits , à la gloire de V. M. ne permettent pas qu'on puiſſe avoir cette penſée , & doivent au con-traire perſuader qu'Elle ſe feroit

H

Gouverneur de Bretagne , & une exclufion expreffe de ces mefmes droits , contre les Amiraux de France , mais c'eft par là mefme que le Secretaire General de la Marine , croit pouvoir démontrer , que cette grande Princeffe n'a jamais eu aucune connoiffance des réponfes qu'on pouvoit faire à toutes ces objections , en faveur des Officiers de la Couronne, & par confequent,qu'Elle n'avoit veu aucuns de ces pretendus Memoires de M. de Vendofme, qui ne répondoient mefmes que d'une maniere tres-imparfaite à ces objections : car fi on luy eut fait voir , que ny dans les Contracts de mariage d'Anne de Bretagne, ny dans les Lettres de reünion de cette Province à la Couronne, ny dans les Privileges qui luy ont efté accordez, il n'a jamais efté fait la moindre mention du droit d'Amirauté des Gouverneurs, ny de l'exclufion des Amiraux ; fi on luy euft reprefenté , qu'en favorifant les

determinée la premiere contre la pretention à l'entiere poffeffion des Eftats de Bretagne , fi elle n'avoit pas efté legitime , ou elle fe feroit XXXIII. entierement élevée contre ceux qui auroient voulu l'engager dans un party contraire ; En un mot , qu'Elle fe feroit elle-mefme condamnée la premiere.

X X X I V.

Ainfi ayant foutenu la caufe des Eftats de Bretagne , le droit & la poffeffion des Gouverneurs de cette Province pour les droits d'Amirauté contre l'Amiral de France , il ne faut point de preuve plus éclatante de la juftice du droit des Gouverneurs , & qu'elle a confideré la pretention de l'Amiral comme une ufurpation dans fon principe & dans fon progrés , dont l'entreprife avoit feulement efté tentée & foutenuë par l'Amiral de Joyeufe , par l'autorité d'un favory & par la violence.

pretentions mal fondées de M. de la Meilleraye elle attaquoit les droits les plus folides & les plus importans d'une Couronne qui luy eftoit fi chere , il eft certain que cette grande Princeffe n'eut pas hefité un moment , & qu'elle eut honoré M. de Vendofme de la mefme protection dont on dit qu'elle honoroit M. de la Meilleraye.

XXXV. XXXVI. XXXVII.

C'eft avec joye que le Secretaire General de la Marine applaudit à toutes les loüanges , fi juftes & fi bien meritées que l'on donne icy à M. de la Moignon , dont il a connu particulierement le merite qui luy fera toûjours en veneration, auffi bien que celuy de fa pofterité fi glorieufement

X X X V.

S'il eft permis d'ajoûter quelque autorité à une confideration auffi puiffante , le nom feul du Rapporteur de l'Arreft doit encore faire refpecter fa decifion comme un ouvrage de juftice & la garentir de l'atteinte que le Sieur Secretaire General de la Marine s'efforce de luy donner ; il fuffit de nommer le

employée au fervice de l'Eftat; mais plus ce grand Magiftrat eftoit recommandable par fa probité & par fes lumieres, plus il eft aifé d'en conclure certainement que ces Factums de M. de Vendofme *diftribuez à pleine main à toute la France*, n'avoient pas efté jufques à luy, ou qu'il n'avoit pas crû, *que les raifons, qui peuvent fervir à la decifion d'une affaire, ont toûjours également leur poids, de quelque maniere qu'elles foient expliquées aux Juges.* Car fans cela quelle apparence qu'un Magiftrat fi éclairé & fi habile, & qui avoit tant de fois fignalé fon zele pour les droits de la Couronne, eut manqué de le faire éclater dans une occafion fi importante; Il fe fût élevé fans doute contre la pretention de M. de la Meilleraye, il eut reprefenté au Roy, que ce n'eftoit point l'affaire de M. de Vendofme dont il s'agiffoit: mais celle de toutes les Charges de la Couronne, qui font fous la protection particuliere de Sa Majefté & dont les droits font auffi facrez, & auffi inviolables que ceux de la Couronne mefme, il eut fait entendre aux Juges avec cette éloquence qui luy eftoit fi naturelle que tant de Declarations, tant de Lettres patentes de nos Rois, qui decident cette queftion en faveur de l'Amiral de France, & qui n'ont jamais efté revoquées, ne devoient pas demeurer fans effet, & ces moyens importans joints à tant d'autres qu'il eut pû y adjoûter, euffent déterminé invinciblement tous les Commiffaires à rendre une

Sieur de la Moignon lors Maiftre des Requeftes, qui a efté depuis Premier Prefident du Parlement de Paris, dont la memoire fera toûjours chere aux gens de bien & à ceux qui aiment veritablement la juftice. C'eft, *S I R E*, ce grand *Magiftrat qui par fa vertu, par l'amour de cette juftice dont il eftoit penetré, par l'attache inviolable aux interefts de l'Eftat, par fes hautes connoiffances des droits du Roy & des Loix du Royaume, a efté éleé par V. M. qui fçait parfaitement connoiftre & recompenfer le merite de fes Sujets, à cette place importante & dont il a remply fi dignement les devoirs, qui eftant Rapporteur d'une affaire de cette confequence, & qu'on peut dire de droit public, en fçavoit fi parfaitement toute l'étenduë, que quand il auroit efté feul lors du jugement en eftat d'en maintenir les prerogatives, il n'auroit pas manqué de les défendre avec cette vigueur foutenuë de toute la prudence & de toute la circonfpection qu'avoit un des plus grands Magiftrats du Siecle. Quand M. le Duc de Vendofme, par des motifs de complaifances & par des confiderations humaines, les auroit abandonnez au lieu qu'il les a reprefentez avec toute leur force dans une proteftation fignifiée, meditée, concertée avec grand foin & infiniment plus energique que tous les difcours les plus étendus, parce qu'elle renfermoit en dix lignes tout ce qu'il y avoit de plus confiderable pour faire valoir les droits de l'Amiral de France.*

XXXVI.

C'eft enfin, S I R E, ce grand

justice favorable à M. de Vendosme au lieu de le condamner
par un Arrest par défaut.

homme qui par un privilege rare &
& singulier reserve à sa famille,
a non seulement transmis à ses des-
cendans dans une heureuse posterité

la connoissance des droits de la Couronne & de tout ce qui regarde le
droit public, mais leur a encore transmis les sentimens d'une justice
hereditaire qu'il avoit eu de ses ancestres, & dont le don precieux est
le plus riche patrimoine d'une Maison consacrée dans tous les temps au
bien public & à l'amour sincere de la justice.

XXXVII.

Les Commissaires Deputez ont estimé que ces reflexions sur le merite
de l'affaire, sur le nom & sur les qualitez du Rapporteur, n'estoient
pas indifferentes pour faire voir toute la consequence d'un Arrest rendu
avec cette connoissance de cause.

Mais une derniere consideration infiniment plus importante & plus
élevée, donne encore plus d'éclat & d'autorité à sa decision, c'est que l'Ar-
rest ayant esté rendu par V. M. Elle mesme estant en son Conseil, il doit
estre consideré comme une loy inviolable.

Comme il n'y a jamais eu de Souverain qui ait connu plus parfaite-
ment les droits de sa Couronne & les interests de son Estat, il n'y en a
jamais eu aussi qui ait preferé avec plus de zele dans ses interests les
sentimens de la justice qui regnent souverainement en son cœur, & qu'il
fait regner sur ses peuples.

XXXVIII.

Il n'y a rien dont l'eloquence ne
se persuade pouvoir venir à bout,
celle de Mrs les Commissaires
Deputez est telle en cet endroit,
qu'on est toûjours sur le point de
croire, qu'il n'y a jamais eu de
question plus approfondie ny de
cause moins défenduë, que le fut
celle de M. de Vendosme en 1655.
quoy qu'on lise dans l'Arrest
mesme dont il s'agit, *qu'il n'avoit*
rien produit pour sa défense. C'est
ainsi que Pericles entreprenoit
de prouver aux Atheniens, qu'il
n'estoit point tombé, quoy qu'ils
l'eussent vû à terre. Le seul moyen
de n'estre pas entraisné par un

XXXVIII.

Dans cette connoissance parfaite
de la juste estenduë de tous ses
droits & de tous les Offices de sa
Couronne titrez de France, ayant
une fois interposé son jugement, sa
justice immuable ne permet pas qu'on
revienne contre ses Decrets. Elle
est trop constante dans ses resolu-
tions, trop penetrante en toute cho-
se, trop juste en ses decisions pour
en pouvoir diminuer le poids, ce
qu'Elle a fait depuis en execution
de l'Arrest, & qui sera relevé in-
continent, tant par les Provisions des
Gouverneurs de Bretagne, par les
Provisions de la Charge d'Amiral
de France, que dans ses Ordonnan-
ces

difcours fi feduifant & de s'atta-
cher exactement aux difpofitions
de cet Arreft mefme, qui font dif-
paroiftre en un inftant toutes les
couleurs de la Rhetorique ; En

*ces mefme, eft une preuve autenti-
que de cette fermité, qui a toûjours efté le principal caractere de
fon glorieux Regne.*

effet on y trouve en termes exprés, *qu'il n'avoit efté rien produit de la
part de M. de Vendofme,* & que par un autre Arreft du 22. Decembre
1654. le Roy avoit ordonné, qu'en cas qu'il refufaft de produire fes
titres, il feroit *fait droit fur ce qui avoit efté produit par les Eftats
entre les mains de M. de la Moignon.* Il eft donc tres-conftant par
l'Arreft mefme dont il s'agit aujourd'huy, que M. de Vendofme n'a point efté défendu, puifqu'il n'avoit efté rien produit
de fa part, & que l'Arreft qui le condamne, n'a efté rendu que
fur les feules pieces des Eftats de Bretagne, & fans examiner ce
que M. de Vendofme eut pû y repondre, non plus que ce qu'il
auroit pû produire pour fa propre défenfe ; ainfi tous ces *Factums
diftribuez à pleine main dans toute la France, & qui fe trouvent encore aujourd'huy dans les Bibliotheques des Curieux,* ont efté ignorez
du Raporteur & des Juges, ou du moins regardez comme des pieces, aufquelles il ne leur eftoit pas permis d'avoir aucun égard en
jugeant. Cette proteftation plus *energique que tous les difcours les
plus étendus. La lumiere & la penetration des Juges, la reputation &
l'habilité du Rapporteur* n'ont pû ny dû fuppleer au défaut des défenfes de M. de Vendofme, il n'eftoit pas permis de le faire. Les
Juges, dont le pouvoir eft toûjours borné, & qui n'en ont qu'autant qu'il plaift au Souverain de leur en donner, eftoient obligé par
l'Arreft du 23. Decembre 1654. de faire droit uniquement fur les
pieces produites par les Eftats entre les mains de M. de la Moignon;il
ne leur eftoit pas libre de fournir d'eux-mefmes d'autres raifons ny
d'autres moyens pour fonder leur Arreft, que ceux qui eftoient entre
les mains du Rapporteur,& par confequent il eft impoffible qu'aucun
de ceux,qui voudront prendre la peine de lire cette piece, puiffent jamais la regarder autrement,que comme un fimple Arreft par défaut,
provifionel, & qui n'a pû juger la queftion diffinitivement ; que s'il
eftoit vray, que M^{rs} les Commiffaires Deputez euffent pû avoir le
moindre doute ferieux là-deffus, il leur euft efté facile de s'en éclaircir en lifant l'Article contenu dans l'inftruction pour l'Affemblée des
Eftats de 1697. & l'Arreft du Confeil du 19. Aouft 1698. où le Roy
declare encore en termes formels, qu'il veut *juger diffinitivement la
conteftation qui eft depuis long-temps entre les Amiraux de France & les
Gouverneurs de Bretagne.*

En verité, Le Roy fçait mieux que perfonne s'il a jugé cette
queftion diffinitivement ou non en 1655. ou s'il peut la juger encore
en 1699. & lors qu'il s'en explique fi precifement, il n'y a point de
difcours quelqu'eloquent qu'il foit, qui puiffe prouver le contraire.

I

XXXIX. XL. XLI.   *X X X I X.*

Mᵣˢ les Commiſſaires Deputez mettent cependant tout en uſage , pour faire regarder cet Arreſt de 1659. comme une Loy irrevocable. Ils confondent pour cela le reſpect que doivent avoir les Sujets pour les deciſions de leur Souverain , avec l'authorité que le Souverain ſe conſerve luy-meſme ſur ſes propres deciſions, pour les reformer lors qu'il le juge à propos. Il eſt donc abſolument neceſſaire d'expliquer cette matiere en peu de mots & d'en retablir les veritables principes.

Lors qu'un Souverain a donné ſon Jugement ſur quelque affaire, il eſt certain que tous ſes Sujets ſont obligez de s'y ſoumettre & de l'executer en tout ce qui dépend d'eux ; & quand meſme il leur paroiſtroit clairement , que le Prince auroit eſté mal informé , & qu'on auroit ſurpris ſa Religion , ils ne peuvent de leur authorité privée ſurſeoir ou empeſcher l'execution de ſes Arreſts , ſans ſe rendre coupables d'une deſobeïſſance criminelle; mais il eſt certain auſſi, que le Souverain conſerve toûjours en luy-meſme l'authorité de reformer ſes propres Arreſts , lors qu'il trouve qu'ils ne ſont pas conformes à la Juſtice ou aux Loix de ſon Eſtat,ſoit qu'il le faſſe ſur les tres-humbles remontrances,qu'il veut bien permettre à ſes Sujets de luy faire , ou qu'il ſe ſoit fait rendre par luy-même un nouveau compte de cette affaire; ainſi le reſpect qui eſt dû aux Arreſts

Il y a encore des affaires communes dans leſquelles quoy que le jugement ait eſté interpoſé , quelque affectation que la Partie ait euë de ne pas rapporter ſes pieces dans quelque contumace qu'on l'ait conſtituée , on la reſtituë quelquefois contre l'Arreſt aprés qu'elle s'eſt pourveuë dans les formes & dans les delais que les Ordonnances ont preſcrit : Mais il a auſſi d'autres affaires d'un caractere plus élevé qui ſont de droit public , & dans leſquelles il n'y a plus de retour, parce que les decidant par des principes ſuperieurs, on les juge independamment des défenſes & des moyens des Parties , principalement quand V. M. veut bien Elle-meſme dans ſon Conſeil en prendre connoiſſance , & que les eſtimant d'aſſez de conſequence pour meriter ſa preſence & ſa deciſion, Elle veut bien éclairer par ſes vives lumieres les perſonnes auſquelles elle a fait l'honneur de les y appeller , de leur en communiquer l'éclat & de les animer ; Enfin de cet eſprit de juſtice & de droiture , & de ce caractere divin qui le diſtingue ſi éminemment des autres Souverains : Mais quand Elle a une fois interpoſé ſon jugement avec autant de penetration & de connoiſſance de cauſe , il eſt de ſon autorité & de ſa grandeur, que l'Oracle eſtant une fois prononcé , ce ſoit une Loy pour ſes Sujets à laquelle l'on ne puiſſe plus toucher.

X L.

En effet , qui pourroit mieux

du Souverain, ne les rend inviolables que pour ses Sujets & ne
luy oste pas la liberté de les revoquer ou de les changer lors
que la Justice le demande de luy.

Si M*rs* les Commissaires Deputez ont voulu prouver par leur discours, que les Sujets du Roy n'ont
pû *toucher à l'Arrest de 1655.* C'est-
à-dire, selon eux, en empescher
l'execution de leur autorité privée, leur conclusion est tres certaine, mais en mesme temps tres-
inutile ; car qui est-ce qui a jamais songé à empescher l'execution de l'Arrest de 1655. ny d'aucun autre ? & sous quel Regne
a t-on veu les moindres marques
de la volonté du Souverain plus
religieusement respectées par les
Sujets ? mais d'ailleurs de quel
usage leur peut-il estre, que les
Sujets du Roy ne puissent *toucher à l'Arrest de 1655.* Ce n'est
pas de quoy il s'agit, mais de

*connoistre que V. M. l'étenduë, les
droits & les attributions de la
Charge d'Amiral de France, qu'Elle
& ses Predecesseurs ont formé les
pouvoirs & les droits de ses Gouverneurs de Bretagne, qu'Elle &
ses Predecesseurs ont toûjours maintenus dans les droits d'Amirauté
de cette Province ? Qui pouvoit
mieux connoistre que V. M. Elle-
mesme toûjours appliquée au soin
& au Gouvernement de son Estat
par une perseverance qui a peu d'e-
xemple dans les Siecles passez, s'il
importoit au bien de son Estat, que
la Charge d'Amiral de France s'é-
tende en Bretagne comme dans les
autres Provinces de son Royaume ;
si Elle entendoit que les Ordonnances de la Marine, les Lettres de
Provisions qu'Elle accorde aux Amiraux de France, les pouvoirs qu'Elle
leur confere, s'étendent en Bretagne.*

X L I.

sçavoir si le Roy luy-mesme ne peut pas toucher à cet Arrest, dont
la conservation leur paroist si importante, il faut donc ou convenir que ce raisonnement de M*rs* les Deputez est absolument inutile à l'affaire dont il s'agit, & qu'il ne conclut rien, ou le détermi-
ner en cette maniere, qui est la seule par où il y puisse avoir quelque rapport.

Lors qu'un Souverain estime une affaire assez importante, pour
meriter sa presence & sa decision & qu'il a interposé son Jugement
avec connoissance de cause, *il est de son autorité & de sa grandeur,
que ce soit une loy pour ses Sujets, & qu'on ne puisse plus y toucher,*
c'est à dire qu'il ne puisse plus la revoquer luy-mesme.

Or l'Arrest de 1655. est dans ce cas.

Donc l'Arrest de 1655. *est un oracle qui doit estre une Loy pour les
Sujets du Roy,* & qu'il ne peut revoquer luy-mesme.

Alors on conviendra que le raisonnement de M*rs* les Commissaires Deputez s'applique fort naturellement à la question ; mais il
ne sera pas difficile de faire voir en mesme-temps que la conclusion
en est insoûtenable, parce qu'elle est fondée sur deux propositions
également fausses. On ne s'arrestera point à procurer la fausseté
de la seconde, qui consiste à dire que l'Arrest de 1655. a esté rendu

en connoiſſance de cauſe, cela a déja eſté ſuffiſamment expliqué, il ne s'agit donc plus que de la premiere , & l'on ſoûtient qu'il eſt tres-faux ſur tout en matiere de droit public , qu'un Souverain puiſſe eſtre tellement lié par un jugement qu'il a rendu meſme en pleine connoiſſance de cauſe , & avec toute l'attention dont il eſt capable , qu'il ne ſoit plus maiſtre de le reformer lors qu'il reconnoiſt , ou qu'il a eſté ſurpris , ou qu'il n'a pas jugé conformement aux Loix , qu'il veut faire obſerver dans ſon Royaume , ce ſeroit borner la puiſſance du Souverain , au lieu de la rendre abſoluë , que de s'en former une pareille idée ; ce ſeroit le reduire à l'eſtat des Juges particuliers, qui n'ont pas le pouvoir de rien changer aux jugemens qu'ils ont une fois rendus , quand meſme ils en reconnoiſtroient l'injuſtice , parce qu'ils n'ont qu'un pouvoir determiné & renfermé dans les limites qu'il a plû à ce Souverain de leur preſcrire , mais à l'égard du Souverain dont le pouvoir eſt ſans borne , non ſeulement , il a par luy-meſme le droit de juger Souverainement toutes les affaires dont il luy plaiſt prendre connoiſſance dans ſon Royaume , mais il a encore auſſi bien que Dieu , dont il eſt l'Image le droit de *juger les Juſtices* c'eſt à dire , les jugemens qui ont eſté rendus tant par luy que par les Juges particuliers, qu'il a voulu rendre les dépoſitaires de ſon pouvoir , & il y eſt obligé toutes les fois qu'il trouve qu'il y a lieu de le faire.

Juſtitias judicabo.

XLII. XLIII. XLIV.   *X L I I.*

On eſt perſuadé que Mʳˢ les Commiſſaires Deputez conviendront , lors qu'ils y auront fait reflexion , que *l'uſage de ce grand principe* ſeroit d'une dangereuſe conſequence en toutes ſortes d'affaires & plus encore en matiere de droit plublic , qu'en aucune autre ; auſſi n'y a-t-il rien de plus contraire à l'uſage ordinaire & à l'idée meſme que les Rois de France ont toûjours eu de leur propre autorité , on en voit une deciſion bien preciſe dans les Capitulaires de Charles le Chauve, *s'il arrive*, dit ce Prince , *qu'eſtant homme comme les autres , nous ayons eſté ſupris dans nos Jugemens , il eſt de voſtre devoir de nous le repreſenter , afin*

L'uſage de ce grand principe éſt donc encore plus indubitable en matiere de droit public , parce que V. M. qui veut bien en prendre connoiſſance , eſtant remplie Elle-meſme de ces grandes maximes qui font regner les Roys , &) ceux qui ont l'honneur de l'aſſiſter dans cette adminiſtration de ſa Juſtice eſtant encore autant de Protecteurs des droits de la Couronne , de l'intereſt public &) du bien de l'Eſtat , l'on ne doit pas croire qu'il ſoit rien échappé à leurs lumieres & à leur penetration.

X L I I I.

L'on peut dire meſme que s'il y a jamais eu d'affaire en laquelle la deciſion

que nous le puiſſions reparer d'une maniere convenable à la Majeſté Royale. Mais ſans aller chercher des exemples de la Juſtice de nos Roys ailleurs que ſous le Regne d'un Prince qui en a plus donné luy ſeul que tous ſes Predeceſſeurs enſemble, ne voit-on pas tous les jours le Roy reformer ſes propres jugemens dans les affaires particulieres, ſur les Requeſtes qu'il a la bonté de recevoir de ſes Sujets, & dans les affaires publiques ſur le compte qu'il s'en fait rendre par ſes Miniſtres, ou ſur ſes propres lumieres, toûjours employées à procurer le bien & le repos de ſes Peuples; Les Papes meſmes, malgré le zele indiſcret & peu éclairé de tant d'Ecrivains, n'ont-ils pas reconnu, que toute l'application, & que toute la ſageſſe humaine ne ſuffiſent pas toûjours pour empeſcher l'homme le mieux intentionné & le plus appliqué à rendre la juſtice, de ſe tromper dans ſes jugemens; en un mot qu'ils pouvoient eſtre ſurpris comme les autres, & rendre des jugemens que la Juſtice les obligeoit de reformer lors qu'ils venoient à eſtre mieux informez.

Alex. 3. ad Archiepiſcopum Ravennatenſem cap. 3. extr. de Reſcript.

Il eſt donc clairement demontré que tout ce que Mʳˢ les Commiſſaires Deputez ont dit dans

deciſion doive eſtre immuable, c'eſt dans l'eſpece, parce que s'agiſſant principalement de juger de la qualité de l'Office d'Amiral de France, de ſon étenduë &) de la connoiſſance des droits d'Amirauté en Bretagne, de l'effet de l'union de cette Province à la Couronne, les Privileges que nos Roys luy ont accordez & qu'ils veulent luy conſerver, l'Amiral de France n'ayant pour titre de ſa pretention que la qualité de ſa Charge, les droits de ſon Office, l'effet de l'union de la Province de Bretagne à la Couronne, qui ſont en effet les principaux moyens dont l'on ſe ſert encore aujourd'huy: Ces moyens ayant eſté propoſez dans la proteſtation de M. le Duc de Vendoſme, étendue &) avec toutes leurs forces dans ſes Factums donnez au public, qui ſont encore dans toutes les Bibliotheques des curieux, inſerez meſme dans les ouvrages concernans les Amiraux de France; peut-on dire que l'Arreſt rendu par V. M. en faveur des Gouverneurs de Bretagne & des trois Eſtats de cette Province, ſoit de la qualité de ces autres jugemens, qui peuvent quelquefois eſtre retractez ſous pretexte que la Partie dont la pretention a eſté condamnée, n'a pas voulu produire dans les formes judiciaires.

XLIV.

cette premiere partie de leur Memoire, touchant l'Arreſt de 1655. ou ne peut ſe ſouſtenir, ou eſt abſolument inutile à la défenſe de leur cauſe, car ſi cet Arreſt n'eſt que proviſionnel comme on l'a fait voir ſi nettement, comment peuvent-ils s'en ſervir, comme d'une piece deciſive; & quand il ſeroit contradictoire & rendu aprés toutes les inſtructions & tous les examens que peut demander une matiere ſi importante, par quelle raiſon ou par quel principe, pourroient-ils ſoûtenir maintenant, que le Roy ne peut pas faire examiner de nouveau cette queſtion, & s'il trouve que l'Arreſt qui a eſté rendu ſoit contraire aux droits de ſa Couronne & aux Loix

K

generales qu'il veut faire obferver dans fon Royaume, reformer cet Arreſt & tout ce qui auroit pû eſtre fait en confequence , & quand meſme le Roy par un Ordre de ſa puiſſance Souveraine n'auroit pas ordonné qu'on mit cette queſtion ſi importante en eſtat d'eſtre jugée diffinitivement, comment M^rs les Commiſſaires Deputez auroient-ils pû empeſcher un Officier de la Couronne de ſe preſenter aux pieds de ſon Trône , dont l'accez eſt ouvert aux moindres de ſes Sujets & de luy repreſenter avec un profond reſ-pect, qu'il n'y a ny temps , ny preſcription , ny Arreſt proviſionnel, ny meſme contradictoire , qui puiſſe depoüiller une Charge de la Couronne de ſes droits, qui ſont ceux de la Couronne meſme.

Mais que diront M^rs les Commiſſaires Deputez, ſi au lieu de cet Arreſt par défaut qui leur paroiſt ſi conſiderable, on leur op-poſoit un Arreſt ſolemnel rendu en faveur de l'Amiral de France ſur les remontrances meſme des Eſtats & du Parlement joints en-ſemble , excitez par le Gouverneur & appuyez de ſon autorité ; c'eſt celuy qui fut rendu le   Mars 1585. & il ne ſera pas inutile d'en faire l'Hiſtoire en tres peu de mots.

Au mois de Mars 1584. le Roy Henry I I I. fit publier une nou-velle Ordonnance de Marine concernant cent un Articles, & qui attribuë à l'Amiral de France tous droits d'Amirauté en Bretagne.

M. de Mercœur ne manqua pas de s'oppoſer à l'enregiſtrement. Il obligea les Eſtats de faire des remontrances , tendantes à ce qu'il pluſt au Roy, *nonobſtant l'Ordonnance de 1584. conſerver les Gouverneurs en leur ancienne autorité , & les Officiers de la Province en leur juriſdiction pour l'Amirauté ;* elles ſont du vingt-troiſiéme Mars 1584.

Sur ces remonſtrances, il fut répondu que les parties ſeroient *appellées au Conſeil pour repreſenter leurs Titres & eſtre enſuite or-donné ce que de raiſon.*

M. de Mercœur fournit auſſi-toſt ſes moyens d'oppoſition , il ſouſtint *que les Congez de l'Amiral eſtoient inutiles en Bretagne ; que le dixiéme des priſes n'avoit jamais eû lieu dans cette Province ; que tous Congez, Attaches &c. devoient eſtre donnez par le Gouverneur & non par l'Amiral &c.*

Le Parlement de ſon coſté donna un Arreſt ſur l'oppoſition de M. de Mercœur & des trois Etats, par lequel il declare qu'il *ne peut proceder à la verification de l'Edit de 1584. comme ne pouvant ice-luy avoir lieu en ce Pays.*

Les Eſtats & le Parlement firent conjointement leurs remon-trances ; elles portoient *à l'égard des Congez qu'ils ne devoient eſtre donnez que par le Gouverneur ; que le droit de Bris* eſtoit un droit Royal ; que celuy de Guet n'avoit jamais eu lieu en Bretagne; que les amendes devoient appartenir au Roy , & ſur tout que la juriſdiction de l'Amirauté détruiſoit les Juſtices des Seigneurs par-ticuliers.

Ils reprefentoient comme l'on fait aujourd'huy, *que les Ordon-*
nances de Marine ne devoient point eftre publiées en Bretagne , où il y
avoit des Couftumes differentes de celles du refte du Royaume , fur tout
ils s'efforçoient de perfuader *que les précedens Amiraux n'avoient ja-*
mais pretendu en Bretagne , d'autres droits que ceux d'y commander les
Armées Navales qu'ils y faifoient dreffer pour le Roy , &) d'y prendre
la dixiéme partie des Navires & biens pris en Guerre fur les Ennemis,
& en cela, ils n'eftoient pas d'accord avec leur Gouverneur qui fou-
ftenoit le contraire.

C'eft fur ces remontrances qu'intervint l'Arreft du 2. Mars 1585.
qui aprés avoir determiné quelques unes des fonctions de l'Amiral
par rapport aux ufages particuliers de la Province, ordonne au furplus
que *l'Edit de 1584.* dont il eftoit queftion *, y fera inviolablement cbfervé.*

M^{rs} les Commiffaires Deputez n'ont rien dit pour faire valoir
leur Arreft de 1655. que l'on ne pût dire de celuy-cy avec beaucoup plus de fondement, toute la Province entenduë par fes Deputez & par Ceux du Parlement. Les mefmes raifons que l'on al-
legua depuis en 1655. reprefentées dans toute leur force , ap-
puyées du credit de M. de Mercœur. qui, comme l'on fçait, n'e-
ftoit pas mediocre en ce temps-là , écoutées & examinées par le
Confeil du Roy avec toute l'attention , que meritoit une affaire de
cette importance. Liberté entiere aux Deputez de dire ce qu'ils
jugeoient neceffaire pour leur défenfe, fans qu'il paroiffe mefme
qu'il y ait eu aucune réponfe de la part de l'Amiral. Enfin s'il y
eut jamais un Arreft qui, pour parler comme M^{rs} les Commiffaires Deputez, merite d'eftre regardé en cette matiere comme
un Oracle & comme *une Loy, à laquelle on ne peut plus toucher.* C'eft
affurement celuy-cy. C'eft à eux à voir ce qu'ils y peuvent répondre.

<table>
<tr><td>

X L V.

On a répondu à cet Article.

</td><td>

X L V.

La decifion de cet Arreft celebre
a efté executée folemnellement par
l'approbation tacite des Amiraux de France ; non feulement ils ne fe
font jamais pourveus &) n'ont point reclamé , mais ils n'ont plus eux-
mefmes pretendu exercer les droits d'Amirauté fur la Province de Bre-
tagne ; enforte que la chofe a efté confommée &) entierement executée de
tois manieres.

</td></tr>
<tr><td>

X L V I.

Les Provifions de Monfei-
gneur le Comte de Touloufe ne
doivent point eftre alleguées en
cette occafion, puifque c'eft dans

</td><td>

X L V I.

La premiere par les Provifions
des deux derniers Gouverneurs , les
feuls pourveus depuis l'Arreft, M.
le Duc de Chaunes & M. le Comte

</td></tr>
</table>

le temps mefme que le Roy luy a donné le Gouvernement, qu'il a declaré qu'il vouloit juger diffinitivement cette question. A l'égard de celles de M. le Duc de Chaulnes pour le Gouvernement de Bretagne, auffi bien que de celles de M. le Comte de Vermandois, pour la Charge d'Amiral de France, il n'y a point d'autre réponfe à faire, finon que le Roy avoit ordonné, qu'elles fuffent expediées fuivant l'eftat provifionnel de l'Arreft de 1655. elles furent expediées prefque en mefme temps, l'on fçait qu'il ne fut fait alors, ny Memoire ny remontrance touchant les droits

de Touloufe, parce que V. M. n'a pas voulu laiffer aucune ambiguité pour la confervation de leur droit & poffeffion de l'Amirauté de Bretagne ; les claufes en feront tranfcrites dans la fuite.

XLVII.

La deuxiéme preuve de l'execution eft écrite dans les Provifions mefme des deux derniers Amiraux M. le Comte de Vermandois & M. le Comte de Touloufe de 1669. & de 1683 dans lefquelles l'on a excepté fpecifiquement la Province de Bretagne.

de la Charge d'Amiral, & ainfi l'on ne peut pas dire, que le Roy ait eu en ce temps-là deffein de decider la queftion, mais feulement de laiffer les chofes pour un temps en l'eftat où elles eftoient.

XLVIII.

Ce qui vient d'eftre dit fur les Provifions de M. le Comte de Vermandois & de M. le Duc de Chaulnes, doit fervir de réponfe à cet Article, on doit feulement ajoûter que ces dernieres Ordonnances, n'ayant point dérogé nommement à tant d'autres Ordonnances, & à tant de Lettres patentes enregiftrées, qui decident fi formellement en faveur des Amiraux contre les Gouverneurs de Bretagne, & que le Roy ne s'eftoit pas fait reprefenter, ce que l'on peut dire de moins, c'eft que la queftion a toûjours demeurée en fon entier, quoy que les Gouverneurs fe trouvaffent en poffeffion tres-legitime, en vertu de l'Arreft provifionnel de 1655. & qu'il eftoit abfolument

XLVIII.

La derniere preuve de l'execution de cette volonté conftante de V. M. eft écrite dans les Ordonnances mêmes qu'Elle a fait publier depuis cette decifion, parce qu'ayant fait en 1681. une Ordonnance generale fur le fait de la Marine & de l'Amirauté enregiftrée au Parlement de Paris, Elle en a fait une autre particuliere pour la Province de Bretagne au mois de Novembre 1684. qu'Elle a fait publier en fon Parlement de cette Province le 18. Janvier 1685. non feulement pour faire connoiftre qu'Elle a toûjours diftingué l'Amirauté de France en general, & celle en particulier de la Province de Bretagne ; mais Elle a encore fait inferer dans le premier Article de cette derniere Ordonnance une derniere preuve authentique de l'execution

neceſſaire qu'il plût à ſa Majeſté
d'ordonner comme elle a fait,
que l'on mit cette queſtion en
état d'eſtre jugée diffinitivement.

l'execution de ſon Arreſt de 1655. &
un nouveau titre de confirmation en
faveur des Gouverneurs de Breta-
gne : Le Gouverneur de noſtre
Province de Bretagne, *porte le*
premier Article , joüira en ladite qualité des droits & pouvoirs de
l'Amirauté ainſi qu'il en a joüy ou dû joüir en ladite Province.

SECONDE PARTIE.

Fond des Conteſtations.

QUATRE POINTS.

S I aprés une deciſion auſſi ſolemnelle prononcée par *V. M.* Elle-même
en ſon Conſeil, il eſt permis de douter de ſes Oracles , qui doivent
imprimer encore plus de reſpect & de veneration pour ſon auguſte
Perſonne que par l'autorité ſouveraine de ſes jugemens ; s'il eſt encore
neceſſaire d'entrer dans le fond de l'affaire jugée diffinitivement , aprés
un Siecle de conteſtations fort animés entre les Amiraux de France &
les Gouverneurs de Bretagne , les Commiſſaires Deputez n'auront pas
de peine à établir le droit des Gouverneurs de Bretagne qui a eſté confirmé ſi authentiquement ; C'eſt meſme un titre d'honneur infiniment precieux pour eux d'avoir cet avantage , qu'en établiſſant toute la juſtice
& toute la faveur du droit des Gouverneurs de Bretagne & des Privileges de la Province ; ils défendent en meſme temps une deciſion prononcée par *V. M.* Elle-meſme ; c'eſt à dire, une Loy inviolable de quelque étenduë que ſoit une affaire de cette conſequence par le nombre des
pieces , par les Actes de poſſeſſion , & par les reflexions importantes pour
les intereſts de la Province dont la defenſe eſt confiée aux ſoins des Commiſſaires Deputez de ſes Eſtats ; Ils tâcheront de la reduire dans ſes
veritables termes en rétabliſſant de leur part le droit des Gouverneurs
de Bretagne par des titres legitimes , par les Privileges de cette Province
& par l'avantage d'une poſſeſſion de deux Siecles , & en faiſant voir
d'un autre coſté que M les Amiraux de France n'ont jamais eu aucuns
droits dans l'Amirauté de Bretagne ; que leurs titres meſmes y reſiſtent,
& qu'ils n'ont en effet aucune poſſeſſion legitime.

Pour établir les juſtes fondemens de touts ces veritez , les Commiſſaires Deputez feront voir ſur le premier point , que le droit des Gouverneurs eſt fondé en titres legitimes.

Dans le ſecond , que les Amiraux de France n'ont aucun titre pour
la Bretagne ; que ceux qui devroient fonder leur droit pour cette Province le détruiſent , & reſiſtent au titre meſme de leur Charge. Les
Commiſſaires Deputez ſont perſuadez que les reflexions qui ſont à faire
ſur ce ſecond point , ſeroient ſeules ſuffiſantes ſans qu'il fut neceſſaire
de paſſer plus avant. L

Ils feront cependant voir dans un troifiéme point , que la poffeffion des droits d'Amirauté en faveur des Gouverneurs de Bretagne , eft inconteftable. Et dans le quatriéme, que les Amiraux n'ont en effet aucune poffeffion legitime . Ce feront les quatre points dans lefquels le fond de cette conteftation , autrefois fi fameufe entre les Amiraux de France & les Gouverneurs de Bretagne , mais qui à la fin a efté decidée en faveur des Gouverneurs de Bretagne , doit eftre renfermé.

PREMIER POINT.

Titre des Gouverneurs de Bretagne.

I.   II.

Ce n'eft pas la premiere fois que l'on a raffemblé , pour foûtenir la pretention des Gouverneurs tous les Contracts de mariage de la Ducheffe Anne, les Lettres de reünion de la Bretagne à la Couronne , les Privileges accordez par quelques-uns de nos Rois à cette Province , la confirmation , & le renouvellement de ces mefmes Privileges par leurs Succeffeurs , tout cet amas de titres fi confiderables & fi fpecieux , peut éblouïr d'abord tous ceux qui ne fe font pas donné le loifir de les examiner en détail , qui fe laiffent effrayer par la multitude , mais dés qu'on veut prendre la peine de les appliquer à la queftion , on eft tout étonné qu'ils difparoiffeut en un inftanr, comme ces troupes dont parle le Prophete, *Congregamini & difpergimini* , & qu'au lieu de ces Privileges fi authentiques & fi exprés , au lieu de ces decifions formelles & precifes , dont on eftoit menacé , il ne refte plus que des conjectures vagues & des confequences forcées qui fans faire aucun tort à la juftefle,

I.

Le premier (a) l'un des principaux titres de la Bretagne contre la pretention de M. l'Amiral de France eft le titre mefme de l'union de leur Province à la Couronne , le principal fondement de leurs Privileges , les claufes , & les conditions effentielles du traité de la Ducheffe Anne de Bretagne avec nos Roys. Les conventions mefmes du Mariage de cette Reyne avec Louis XII. de 1498. & les promeffes folemnelles de nos Roys, qu'ils ont bien voulu confirmer par leurs fermens autentiques plufieurs fois renouvellez ; En un mot , tout ce qu'il y a de plus facré , de plus inviolable (a) de plus precieux pour cette Province.

L'hiftoire de l'union du Duché de Bretagne à la Couronne , & les conditions de cette union font publics. Anne Ducheffe de Bretagne avoit époufé en premieres noces le Roy Charles VIII. Il y a eu dans ces premiers temps d'un premier traité. La Reyne devenuë veuve retourna en Bretagne où elle fit plufieurs Ordonnances & Reglemens fur le gouvernement de fon Duché. Elle époufa en feconde nopces en 1498.

ny à folidité de l'efprit de ceux qui font obligez de s'en fervir faute de meilleurs moyens font voir clai-rement le mauvais eftat de leur caufe au travers de tout l'art & de toute l'éloquence qu'ils em-ployent pour la foûtenir.

Le Roy Loüis XII. en 1506. La Princeffe Claude fille aifnée de fon fecond Mariage avec Loüis XII. époufa le Comte d'Angoulefme qui a efté dans la fuite le Roy François I. qui eftoit lors Succeffeur prefomptif à la Couronne à défaut d'enfans mafles de Loüis XII. La Reyne

Claude Epoufe du Roy François I. feule heritiere du Duché de Bretagne deceda en 1524. & laiffa à François Dauphin de France fon fils aifné la proprieté du Duché de Bretagne, & au Roy François I fon mary l'ufu-fruit & l'Adminiftration. En 1532. a efté faite l'union de cette Province à la requifition des Eftats de Bretagne.

II.

Ce n'eft pas feulement dans la claufe generalle de ces traitez avec Charles VIII. & dans celle des Lettres patentes de l'union de la Bre-tagne à la Couronne en 1532. portant en general la confirmation authen-tique des Droits, Libertez, Ufages, Couftumes, Franchifes & Privi-leges de la Province de Bretagne, que confifto toute la force de ce pre-mier titre quoy que cette convention generalle fut fuffifante, par ce qu'elle renferme en effet l'exclufion de la pretention de l'Amiral de Fran-ce; le moyen en eft encore écrit dans les Articles du Traité-mefme du Mariage de la Reyne Anne de Bretagne avec le Roy Loüis XII. qui eft le grand fondement de l'union de cette Province.

Lors du Mariage de cette grande Princeffe que l'on fçait avoir efté fi jaloufe de la gloire de fa Patrie, de fa Souveraineté, du bien de fes Peuples & des Privileges de fes Eftats. Il y eut deux traitez, l'un con-cernant les conditions de fon Mariage, (&) l'autre & principal concer-nant le Gouvernement & les conditions, fous lefquelles la Bretagne devoit paffer aux defcendans du Mariage, c'eft-à-dire à nos Roys.

*Ce fecond traité public, comprend precifement les Offices du Pays (&) Duché de Bretagne, il eft dit dés l'entrée qu'il a efté fait concer-*nant le Gouvernement, Adminiftration, Droits, Libertez, Preé-minences, Offices & Officiers du Pays, tant au fait de l'Eglife, de la Juftice, Nobleffe, que la Generalité d'iceluy Pays.

III.   III.

En effet qui eft-ce qui ne s'at-tendroit pas à trouver en termes precis & formels, dans tous ces Contracts de Mariages & dans tous ces privileges que l'Amirauté

Voilà donc d'abord l'un des prin-cipaux objets qui concerne toutes fortes d'Offices du Pays de Breta-gne, tant pour l'Eglife, pour la Nobleffe, pour la Juftice, que ge-

de Bretagne doit demeurer distincte & separée de celle de France, que les fonctions n'en sçauroient estre faites , que par le Gouverneur de la Province à l'exclusion de l'Amiral de France. Car c'est précisement de cela qu'il s'agit, & c'est ce que l'on promet de faire voir si clairement étably dans les titres que l'on cite.

qu'aucune Loix ou Constitution maniere accoustumée par les Roys & Ducs Predecesseurs de nostre Cousine la Duchesse de Bretagne, que Nous Voulons, entendons & promettons garder & entretenir. *L'Article suivant pourvoit encore nommément aux Offices, dans lesquels il est specifiquement dit, qu'il ne sera rien changé, (de ne pourvoir ny changer les Offices ny Officiers.) Il est dit ensuite, que vacation advenant des Offices, il y sera pourveu à la nomination de la Duchesse ; & que ses Lettres seront scellées en Bretagne.*

I V.

Quel moyen donc de n'estre pas surpris, lorsque l'on trouve que M^{rs} les Commissaires Deputez aprés s'estre efforcez inutilement d'appliquer aux Offices de la Couronne quelques termes de ces Privileges qui ne regardent uniquement que les Charges particulieres de la Province, sont enfin reduits pour toutes preuves à nous dire en propres termes, *qu'il y a dans ces Privileges*, un Article qui peut avoir rapport à la contestation, examinons donc cet Article, & nous verrons qu'il y a tout aussi peu de rapport que les autres ; car en verité quelle consequence peuvent tirer M^{rs} les Commissaires Deputez de cet Article qu'ils ont transcrit en grosses lettres, & *quel rapport peut-il avoir à la contestation.*

neralement pour tout le Pays de Bretagne.

Le premier Article de ce traité, est la clause generale pour la conservation des Droits & Privileges, dans lequel l'on comprend nommément tous les Usages. Il est dit ensuite, qu'il n'y auroit aucune nouvelle Constitution qu'en la maniere accoustumée par les Roys & Ducs de Bretagne. De maniere n'y soit faite, fors & en la maniere accoustumée par les Roys & Ducs Predecesseurs de nostre

L'Article suivant pourvoit encore nommément aux Offices, dans lesquels il est specifiquement dit,

I V.

Enfin il y a un dernier Article qui peut avoir rapport à la contestation. Il est dit, que s'il y avoit quelque changement à faire dans la forme du Gouvernement, il ne pourra estre fait que dans l'Assemblée des Estats & autorisé au Parlement. S'il arrivoit qu'il y eut quelque cause de faire mutation particuliere en augmentant, diminuant, ou interpretant lesdits Droits, Coustumes, Constitutions ou Establissemens que ce soit par Parlement & Assemblées des Estats du Pays, ainsi que de tout temps est accoustumé, & qu'autrement ne soit fait. Nous Voulons & entendons qu'ainsi se fasse, appellez toutesfois les Gens des trois Estats dudit Pays de Bretagne.

Il est porté que *s'il arrive quelque mutation aux Droits, Coûtumes, ou établissemens du Pays de Bretagne, ce ne pourra estre que par le Parlement & par les Estats du Pays*, qui ne voit encore une fois que cela regarde uniquement que les Offices particuliers de la Province, & ne peut jamais avoir le moindre rapport aux Offices de la Couronne; peut-il tomber sous le sens de qui que ce soit, que nos Roys se soient engagez à ne rien changer aux Offices de la Couronne, sans le consentement du Parlement ou des Estats de Bretagne.

V. VI. VII.

C'est donc tres-inutilement, que Mrs les Commissaires Deputez rapportent continuellement ces termes generaux de Privileges & d'exemptions, qu'ils ne sçauroient appliquer à leurs pretentions : car aprés avoir cité cette clause qui est pourtant leur unique moyen, *que ce qui sera fait pour le general du Royaume, n'aura aucun lieu ny effet en Bretagne*, aprés dis-je avoir rapporté cette clause, s'ils croyent que ce soit une consequence fort naturelle & fort bien tirée que dire, donc l'Amiral de France ne doit point estre reconnu en Bretagne, donc le Gouverneur de la Province, y doit seul faire toutes les fonctions d'Amirauté, ne pourra-on pas conclure avec la mesme justesse, donc les Edits faits contre les duels, ne peuvent avoir *aucun lieu ny effet* en Bretagne, donc ceux qui s'y battent en duel ne sont point sujets aux peines portées par ces Edits.

V.

Tous ces Articles & autres droits de la Province de Bretagne ont esté confirmez par les Lettres d'union de cette Province à la Couronne en 1532. (sans y rien changer ny innover) portent les Lettres.

VI.

Ces Privileges, Loix & conditions des traitez & de l'union ont esté confirmez par trois sermens solemnels, suivant lesquels traitez, nos Roys ont toûjours eû la bonté de répondre aux Estats sur leurs tres-humbles remontrances, (que ce qui seroit fait pour le general du Royaume, n'auroit aucun lieu ny effet en Bretagne.

VII.

La consequence necessaire de ces establissemens qui font la Loy inviolable de la Bretagne, est que l'Amiral de France ne peut exercer son Office, crée plus d'un siécle auparavant ny ses pouvoirs, ny les

droits d'Amirauté dans la Province de Bretagne par deux raisons essentielles.

VIII.

Plus on examine cette conse-

VIII.

La premiere, que les traitez con-

quence, & plus on croit pouvoir assurer qu'il n'y en a jamais eu aucune qui fut moins juste, car voicy necessairement à quoy se reduit leur argument suivant leurs propres termes, & sans qu'ils en puissent disconvenir, en supposant comme ils le pretendent, que les droits & les fonctions de l'Amiral de Bretagne, ont esté transmises aux Gouverneurs.

Les Traitez de Bretagne & les Privileges accordez à la Province, conservent tous les Offices de Bretagne.

Or il y avoit lors des Traitez un Office d'Amiral en Bretagne.

Donc cet Office d'Amiral a dû estre supprimé comme il l'est en effet, & ses fonctions ont dû passer au Gouverneur de la Province, à l'exclusion de l'Amiral de France.

Ne tireroit-on pas une consequence plus juste, si on raisonnoit de cette maniere.

cernans nommement tous les Offices de Bretagne, & excluans par une consequence évidente ceux de France, pour avoir leur exercice en Bretagne, l'Office d'Amiral de France ne peut s'estendre aux droits d'Amirauté de la Province de Bretagne, qui avoit mesme ses Amiraux particuliers, l'argument est donc concluant, l'Article des traitez de Bretagne, & l'un de leurs Privileges concerne les Offices de Bretagne. Or il y avoit lors des traitez un Office d'Amiral en Bretagne, la consequence est juste.

L'Office d'Amiral de France ne peut comprendre la Bretagne, il ne reste donc pour l'application necessaire de cette consequence, qu'à establir qu'il y avoit lors des traitez de la Bretagne, & dans le temps mesme de son union, des Amiraux de Bretagne. Le Sieur Secretaire General de la Marine l'a reconnu luy mesme par sa Requeste.

Tol. 45. de sa Requeste.

Lorsque Charles VIII. promit de conserver les Offices de Bretagne, il y avoit un grand Marechal qui tenoit lieu de Connestable, un Chancelier, un Amiral, un Grand Escuyer & d'autres Officiers, que l'on appelloit les Officiers Ducaux.

Or il est certain que tous ces Offices ont esté supprimez depuis la concession de ces Privileges, sans que jamais personne s'en soit plaint en Bretagne, & sans qu'il en soit resté le moindre vestige depuis l'an mil cinq cens trente-deux, qui est le temps de la reünion.

Donc il est certain, que ces Privileges ne regardoient en aucune façon les Officiers Ducaux, mais seulement les Offices particuliers de la Province.

Si M^rs les Commissaires Deputez avoient besoin d'une autorité pour les faire convenir de la justesse de ce raisonnement, on ne croit pas qu'ils pussent refuser, celle du meilleur de leurs Historiens, & de l'homme le mieux instruit des usages & des Privileges de la Province qu'ait jamais eu la Bretagne. C'est Dargentré qui raconte luy-mesme, qu'on supprima l'Office de Chancelier dés l'an mil quatre cens quatre-vingt-quatorze, & de là en avant tous les autres

Officiers Ducaux, fans qu'il luy foit jamais tombé dans l'efprit un feul moment, que cette fuppreffion fut contraire aux Articles des Traitez, ny aux Privileges de fon Pays.

I X.

On convient fans peine qu'il y avoit des Amiraux particuliers en Bretagne du temps des Ducs, & qu'il y en a eu encore depuis le mariage de la Ducheffe Anne, jufqu'à la reünion à la Couronne, M^rs les Commiffaires Deputez, qui ont affez fait voir par leur Memoire, qu'il eftoit impoffible à la Province de Bretagne de mettre fes interefts en de meilleures mains que les leur, font voir encore icy de combien ils font plus finceres & mieux inftruits que ceux qui avoient efté choifis en 1655. pour défendre la même caufe qu'ils défendent aujourd'huy, & qui par une negligence inexcufable dans des perfonnes chargées d'une fi importante Commiffion, foutinrent publiquement dans leur Requefte, & firent énoncer dans le vû de l'Arreft de 1655. qu'il n'y avoit jamais eu en Bretagne d'Amiraux en titre d'Office.

I X.

En effet dés le temps des Ducs, mefme fous les derniers & du temps que la Bretagne eft devenuë le patrimoine de nos Roys (ainfi que les Commiffaires Deputez l'ont déja obfervé dans leurs premiers Memoires & dans les preuves qu'ils en ont apportez, & que pour plus grande facilité, V. M. leur permettra de reprendre en cet endroit le plus fuccinctement neanmoins qui leur fera poffible. . . .

Eftienne Goujon de l'Illuftre Maifon de la Mouffaye, eftoit Amiral de Bretagne à la fin du quatorziéme fiecle en 1397. Les preuves en font dans les Archives des defcendans de cette Maifon.

Jean de Pinhoüet a fuccedé à Eftienne Goujon dans cette Charge, l'Obligation du 3. Novembre 1406. par laquelle le Duc Jean a affecté les revenus des Ports & des Havres de la Province, pour affembler fon Armée navalle, & l'entretenir fous le Commandement du Sieur Jean de Pinhoüet, en eft un titre certain ; il fe trouve dans les Regiftres de la Chambre des Comptes de Nantes, l'on voit encore à prefent dans la grande vitre de l'Eglife Noftre-Dame du Folgoüet en Bretagne, les Efcuffons des Armes de Pinhoüet, foûtenuës de deux Ancres, qui font la marque la plus affûrée de l'Amirauté.

L'Hiftoire de Bretagne de Pierre Baud donnée au public par le Sieur Dozier en fait mention dans l'Article du Siege de S. James de Beuveron, fait par le Conneftable de Richemont contre les Anglois. Chap. 49.

Jean de Quellence eftoit Amiral de Bretagne en 1426. Les Lettres accordées par le Duc François à Pierre Landais Treforier de Bretagne, qui contiennent un don fait à Jean de Quellence Vicomte de Faon fon

Amiral le justifient, avec d'autres Lettres du mesme Duc François des 17. Mars & 31. Aoust 1470. & 16. Octobre 1478.

Jean de Quellence Vicomte de Faon succeda à Jean I. son Pere dans l'Amirauté de Bretagne. Un Mandement du Duc François de 1485. le verifie. Il y est parlé d'un Alain de la Mole Vice-Amiral de Bretagne.

La mesme Charge d'Amiral de Bretagne a esté long-temps dans la mesme maison de Quellence.

Le Sieur Dargentré dans son Histoire de Bretagne rapporte l'entrée solemnelle du Duc François en son Parlement de Bretagne en 1462. & y parle du Vicomte du Faon Amiral de Bretagne.

Du temps de la Duchesse Anne de Bretagne, & depuis ses Mariages avec nos Roys, elle avoit aussi des Amiraux particuliers de Bretagne absolument independans des Amiraux de France.

En 1502. le Roy Loüis XII. pourveut de l'Office d'Amiral de Bretagne Loüis Sire de la Tremoüille, Vicomte de Thouars, Prince de Talmont, Chevalier de ses Ordres, son premier Chambellan, Gouverneur de Bourgogne, connu dans le monde sous le nom de Chevalier sans reproche.

P. Benedi-
ctins.
P. Anselme
p. 305.

X.   XI.   X.

Tout ce que M** les Commissaires Deputez avancent icy, conclur directement contr'eux. Il y a eu des Amiraux en Bretagne avant le Mariage de la Duchesse Anne ; cela est vray. Il y en a eu encore depuis son Mariage jusqu'à la reunion de cette Province à la Couronne ; l'on en convient encore.	*Les Provisions de cette Charge luy en ont esté accordées à titre singulier, distinct & separé d'Amiral de France. Il paroist par un titre qui est en la Chambre des Comptes de Nantes, que la Duchesse Anne donne congé au Sieur de la Tremoüille de faire publier dans tout le Duché les Provisions de sa Charge d'Amiral de Bretagne, que luy avoit donné le Roy Louis XII. la mesme*

qualité d'Amiral de Bretagne en la personne du Sieur de la Tremoüille, est encore justifié par le Reglement General sur le fait de l'Amirauté fait par le Roy François I. au mois de Juillet 1517. transcrit par Fontanon en son Recueil des Ordonnances, parce que le Roy dit l'avoir fait sur les Remontrances de Louis Seigneur de la Tremoüille Amiral de Bretagne ; ce sont les termes du Reglement en 1525. Le Sieur Chabot Comte de Briou fut ensuite pourveu de la mesme Charge par le Roy François I. comme Pere & Administrateur legitime de M. le Dauphin son fils, proprietaire du Duché de Bretagne par Lettres du 3. Mars 1525. enregistrées en la Chambre des Comptes de Bretagne le 22. Juin 1526. le Parlement de Bretagne n'estant pas encore étably.

Les Commissaires Deputez en rapportent les Provisions qui justifient que l'Office estoit vaccant par la mort du Sieur de la Tremoüille, & que c'est pour en joüir avec les mesmes droits, tout & tant que les Predecesseurs

cesseurs audit Estat & Office, & qui leur a esté accordé par nos Predecesseurs & par Nous.

X I.

Voilà donc des Amiraux en Bretagne non seulement du temps des Ducs, mais encore sous la domination de la Reyne Anne de Bretagne, & sous les Regnes de Louis X II. & de François I. depuis que le Duché de Bretagne a passé à la France.

<table>
<tr><td>

X I I.

Mais lors qu'ils concluent de là, que les Offices de Bretagne estans conservez par les Traitez, il est impossible que l'Amiral de France ait en cette qualité étendu ses pouvoirs d'Amirauté en Bretagne. On ne peut s'empes-

</td><td>

X I I.

Ainsi les Offices de Bretagne estans conservez par les Traitez de la Bretagne sans qu'on put rien innover, il est impossible que l'Amiral de France ait en cette qualité étendu ses pouvoirs de l'Amirauté en Bretagne.

</td></tr>
</table>

cher de leur representer que la conclusion qu'ils tirent, n'est ny juste, ny veritable. Car pour tirer une conclusion juste, il faudroit qu'ils fissent voir, que l'Office d'Amiral de Bretagne, a esté conservé en vertu de ces pretendus Privileges ou Traitez depuis la reünion, c'est à dire, depuis l'année 1632. & c'est ce qu'ils ne feront jamais, parce que cela est évidemment faux; estant certain que depuis la reünion, il n'a jamais esté mention de la Charge d'Amiral de Bretagne non plus que de celles de Chancelier, & de Grand Marechal de cette Province; supposant donc, comme il est tres-certain, que cette Charge d'Amiral de Bretagne n'existe plus, & n'a plus existé depuis la reünion de la Province à la Couronne; on les supplie d'examiner ce raisonnement auquel on ose presque assurer qu'il est impossible de faire aucune réponse raisonnable.

Si la Charge d'Amiral de Bretagne avoit esté conservée comme le pretendent M^{rs} les Commissaires Deputez, en vertu des Traitez & des Privileges de la Province, elle a dû subsister, non seulement depuis la reünion, mais elle doit subsister encore aujourd'huy; car il est certain qu'une Charge une fois subsistante, ne peut se détruire d'elle-mesme, & ne peut estre supprimée que par la mesme autorité qui a pû la créer. Or il est certain de l'aveu mesme de M^{rs} les Commissaires Deputez, que cette Charge est détruite & mesme depuis l'an 1532. puisque ce sont les Gouverneurs, à ce qu'ils pretendent qui en ont fait les fonctions depuis ce temps-là; il est tres-certain encore, que M^{rs} les Commissaires Deputez ne peuvent rapporter aucun Edit, qui supprime la Charge d'Amiral de Bretagne, ny qui en attribuë les fonctions au Gouverneur de la Province.

N

Il n'y en a jamais eu aucun, donc il est certain que les Gouverneurs n'ont jamais eu aucun droit de faire ces fonctions ; ainsi Mrs les Commissaires Deputez sont obligez de convenir, ou que cette Charge doit subsister encore aujourd'huy, distincte & separée de celle de Gouverneur, à laquelle ils ne peuvent jamais prouver qu'elle ait esté unie, ou il faut qu'ils avoüent que si elle a esté supprimée, elle ne l'a pû estre qu'au temps de la reünion, & qu'elle a suivy en cela le sort de tous les autres Offices Ducaux, qui ont esté supprimez en mesme-temps, & remplacez par les grands Officiers de la Couronne.

XIII.

Cette conjecture va devenir une demonstration aussi evidente que celles de Geometrie, & l'on espere que Mrs les Commissaires Deputez seront obligez d'en convenir. On soustient donc que le jour mesme des Lettres de reünion de la Bretagne à la Couronne, tous Offices Ducaux s'il en restoit encore quelques uns, comme par exemple celuy d'Amiral, furent aneantis de plein droit & remplacez par ceux de la Couronne, dont cette Province estoit devenüe un membre par sa reünion.

Mrs les Commissaires Deputez au contraire soustiennent, qu'en vertu des Traitez ou des Privileges, (Car on ne sçait pas trop bien lequel) les Offices Ducaux subsistoient encore en Bretagne, & qu'ils y ont dû subsister toûjours depuis la reünion comme du temps des anciens Ducs.

Voilà deux propositions bien opposées, voyons en quoy la pretenduë conjecture nous pourra aider à découvrir la verité de l'une, & de la fausseté de l'autre.

XIII.

La conjecture que tire le Sieur Secretaire General de la Marine de l'histoire de la Ceremonie du Couronnement de M. le Dauphin proprietaire du Duché de Bretagne, dans les formes qui avoient esté pratiquées au Couronnement des Ducs de Bretagne, que le Sieur Chabot de Brion Amiral de Bretagne n'avoit point assisté au Couronnement qui fut fait incontinent aprés, ou du moins quatre jours depuis l'union de cette Province à la Couronne, & qu'il en fallu nommer un autre pour en remplir les formalitez, aussi bien qu'un Chancelier de Bretagne, dont la Charge avoit esté supprimée dés 1492. suivant la remarque du Sieur Dargentré, n'est pas si avantageuse aux Amiraux de France que le Sieur Secretaire General de la Marine a voulu persuader ; elle est au contraire contre sa pretention, parce que pour en appliquer l'induction qu'on en veut tirer, sçavoir, que l'Office d'Amiral estoit supprimé aussi bien que la Charge de Chancelier de Bretagne, & que l'Amiral de France avoit pris sa place. Il eut fallu que l'Amiral de France eut remply cette fonction comme Amiral de France & de Bretagne:

Dargentré.

Quatre jours aprés ces Lettres de reünion, le Dauphin va à Rennes pour prendre poſſeſſion de ce Duché de Bretagne, dont il eſtoit Proprietaire, & pour ſe faire Couronner ſuivant l'uſage & avec toutes les ceremonies, qu'on avoit coûtume d'obſerver aux Couronnemens des anciens Ducs.

Que devoit-il arriver ſi les Officiers Ducaux ſubſiſtoient encore, comme le pretendent M^{rs} les Commiſſaires Deputez ? ne devoient-ils pas aſſiſter au Couronnement de leur Duc ? n'y devoit-on pas voir le Mareſchal, le Chancelier, l'Amiral, le Grand Eſcuyer & les autres, faire les fonctions de leurs Charges en perſonne ? ceux qui avoient autrefois exercé ces Charges eſtoient tous à Nantes, où les Eſtats ſe tenoient alors, & d'où ils auroient vû partir le Dauphin pour aller à Rennes, l'auroient-

C'eſt ce que le Sieur Secretaire General de la Marine ne pretend pas luy-meſme. Ainſi puis qu'aucun de ces Grands Officiers n'aſſiſta à la ceremonie pour en faire les fonctions, que l'Amiral de France ne s'y trouva point pour tenir la place d'Amiral de Bretagne, pretenduë éteinte, l'on ne peut tirer aucun avantage de cette obſervation hiſtorique. L'abſence du Sieur Chabot de Brion Amiral de Bretagne pouvant avoir eſté la ſeule cauſe pour laquelle il ne put pas aſſiſter à la Ceremonie en qualité d'Amiral de Bretagne. Les Commiſſaires Deputez ſe ſervans meſme de cette obſervation contre le Sieur Secretaire General de la Marine, pour faire voir que les Officiers de France n'y ayant point eſté preſens pour y exercer les Charges des Officiers de Bretagne, l'on en doit tirer une conſequence directement contraire aux intereſts des Amiraux de France.

ils laiſſer aller tout ſeul ou pluſtoſt ne ſeroient-ils pas accourus du bout du monde pour faire leur Cour, à ce nouveau Souverain dans une occaſion ſi ſolemnelle ? Leur paroiſſoit-il peu important de ſe mettre en poſſeſſion de leurs Charges dans un changement de domination comme celuy-là, & n'auroit-ce point eſté manquer d'attention pour leurs intereſts, auſſi bien que de reſpect pour leur Maiſtre que de laiſſer le ſoin aux premiers venus de faire auprés de luy des fonctions ſi importantes.

Voilà ce qu'il eſt impoſſible de comprendre dans la ſuppoſition de M^{rs} les Commiſſaires Deputez, & qu'il eſt tres-aiſé d'expliquer en ſuppoſant comme il eſt vray, que les Offices Ducaux avoient eſté entierement ſupprimez & aneantis, dans l'inſtant meſme de l'union de cette Province à la Couronne ; car alors ceux qui avoient eſté autrefois reveſtus de ces Charges, n'eſtoient pas plus neceſſaires que d'autres au Couronnement du Dauphin. Toute cette Ceremonie n'eſtoit plus proprement qu'une fiction, car il ne s'agiſſoit pas de couronner un Duc de Bretagne, Souverain d'un Eſtat independant de la France ; mais ſeulement de faire reconnoiſtre le veritable & legitime Proprietaire d'une Pro-

vince, qui venoit d'eſtre unie au Royaume, & qui en faiſoit de-
formais une partie. On ne pouvoit donc employer dans une Ceremonie de cette nature, des Officiers veritables, mais ſeulement
choiſir des Gens pour repreſenter ceux qui avoient eſté autrefois ; & quand meſme ceux qui avoient eſté autrefois pourvûs de
ces Charges, ſe fuſſent trouvez à Rennes, comme on ne peut douter qu'ils n'y fuſſent venus pour faire honneur au Dauphin, il eût
toûjours eſté neceſſaire de choiſir d'autres perſonnes pour faire
leurs fonctions & pour montrer au peuple, que ce qui ſe paſſoit
à ſes yeux, n'eſtoit plus qu'une ſimple repreſentation qui n'avoit
rien de réel, & c'eſtoit meſme une partie de la Ceremonie, que
de faire repreſenter les Officiers Ducaux, afin de prouver par là
qu'ils ne ſubſiſtoient plus. Ceux qui prendront la peine de lire
dans Argentré la Relation de toute cette Ceremonie, en ſeront
aiſément perſuadez.

On demande à M^{rs} les Commiſſaires Deputez, ſi lors qu'ils li-
ſent dans les Relations du Sacre de nos Roys, que l'on a nommé
des Princes ou des Seigneurs de la Cour, pour repreſenter le Duc
de Normandie, le Comte de Champagne &c. ils croiroient que
ce fut raiſonner fort conſequemment, que d'en conclure comme
ils font dans cette occaſion ; donc il y avoit alors en France un
veritable Duc de Normandie, un veritable Comte de Champagne
réellement exiſtens, & qu'une abſence imprevûe ou quelque autre affaire empeſchoit de ſe trouver à cette Ceremonie ; c'eſt en
effet là la ſeule raiſon, par laquelle ils pretendent excuſer l'Amiral Chabot de ne s'y eſtre pas trouvé ; cela ſeroit déja aſſez difficile à ſuppoſer à l'égard d'un ſeul particulier, à moins qu'il ne
fut à l'article de la mort ou à la teſte d'une Armée, & meſme dans
un Pays fort-éloigné ; mais que tous les grands Officiers d'une
Souveraineté auſſi conſiderable que la Bretagne, conviennent tous
enſemble de s'abſenter de la Cour dans le temps du Couronnement de leur Souverain, & qu'ils ſe tiennent ſi exactement parole,
qu'il ne s'y en trouve en effet pas un ſeul, & qu'il faille choiſir
des Gens pour les repreſenter tous. C'eſt un fait ſi ſingulier, qu'on
peut aſſeurer que les Hiſtoires n'en ont encore jamais fourny d'e-
xemples, & c'eſt en meſme temps une ſi étrange ſuppoſition, qu'elle ſuffit pour faire voir, quel eſt l'eſtat d'une cauſe, qui en a beſoin pour ſe ſouſtenir.

Cependant M^{rs} les Commiſſaires Deputez prétendent, à ce
qu'ils diſent, tirer ce poinct d'Hiſtoire à leur avantage ; & voicy
comme ils raiſonnent : *S'il eſtoit vray qu'au moment de la reünion les
Grands Officiers de Bretagne euſſent eſté ſupprimez, & que les Officiers de la Couronne euſſent eſté établis en leur place, ces derniers n'auroient pas manqué d'aſſiſter au Couronnement du Dauphin, puis qu'ils
auroient eſté dés lors Officiers de Bretagne comme de tout le reſte du*
        Royaume :

Royaume : Or ils n'y furent pas prefens ; donc ils ne doivent pas eftre reconnus en Bretagne.

Mais il n'eft pas difficile de répondre à ce raifonnement : car puis qu'il ne s'agiffoit que de couronner le Dauphin, *avec les mêmes Officiers & les mefmes Ceremonies qui eftoient en ufage du temps des anciens Ducs.* Il eft bien certain, que les Officiers de la Couronne de France n'y devoient eftre admis en aucune maniere. Le Dauphin ne prenoit pas poffeffion de ce Duché comme d'une Province qui faifoit partie du Royaume, mais par fiction comme d'une Souveraineté qui en eftoit encore diftincte & feparée, il falloit donc auffi feindre des Officiers Ducaux, & les Grands Officiers de la Couronne eftoient moins propres, que qui que ce foit à les reprefenter, outre que cela n'eftoit pas de leur dignité, car de s'imaginer comme il femble, que Mrs les Commiffaires Deputez veulent infinuer que fi les Officiers de la Couronne euffent efté reconnus en Bretagne, ils auroient pû affifter au Couronnement comme Officiers Ducaux, c'eft ce qui n'eft pas foûtenable, qui ne voit combien ces chofes ont peu de rapport, & le peu de proportion qu'il y a entre les Officiers de la Couronne d'un grand Royaume, auquel on vient d'unir une Province, & les Officiers particuliers de cette mefme Province, avant qu'elle fut unie à ce Royaume.

X I V.

Il en eft peut-eftre des Hiftoires, comme des Langues, ceux qui les apprennent par art & avec étude s'en fervent avec moins d'agrément & de politeffe, que les naturels du Pays, mais il arrive quelquefois qu'ils font plus exercez fur les difficultez & plus fermes fur les principes, parce qu'ils y ont donné plus de foin & plus d'application. C'eft par là feulement que le Secretaire General de la Marine peut avoir remarqué dans l'Hiftoire de Bretagne, ce qui eft échapé par hazard à Mrs les Commiffaires Deputez, ils difent que Dargentré, qui remarque la fuppreffion de la Charge de Chancelier en 1494. ne fait aucune mention de celle d'Amiral, ce qu'il n'auroit pas obmis

Dargentré hift. de Bretagne fur l'art. 1491. pag. 793. de l'edition de 1588.

X I V.

D'ailleurs le Sieur Dargentré qui obferve la fuppreffion de la Charge de Chancelier de Bretagne en 1491. ne le dit pas pour celle d'Amiral, ce qu'il n'auroit pas obmis, & cela ne pouvoit pas eftre, parce qu'en 1502. le Sieur de la Tremoüille, en 1525. le Sieur Chabot avoient efté fucceffivement pourveus de la Charge d'Amiral de Bretagne ; elle n'eftoit donc ny fupprimée ny éteinte. Enfin fur quel fondement peut-on appuyer ce que le Sieur Secretaire General de la Marine prefume, que la Charge d'Amiral de Bretagne, qu'il eft obligé de reconnoiftre s'eftre confervée jufqu'à l'union du Duché de Bretagne à la Couronne, ait efté egalement fupprimée lors de l'union au mefme temps que l'union confirme precisé-

mais que fait-il donc lors qu'il dit *que le premier qui sentit la mutation en particulier fut Philipes de Montauban Chancelier de Bretagne, auquel on avoit promis pour le tirer en affection de Conseiller, & induire le Mariage, le titre* ment *les Traitez dont la condition la plus essentielle estoit la conservation des Offices de Bretagne, ausquels il ne seroit rien innové, & que l'Office d'Amiral estoit lors actuellement subsistant?*

de Chancelier toutefois par Lettres de 1494. *le nom & le titre de Chancelier, fut aboli & supprimé en Bretagne (e) de là on commença a supprimer les Estats & Grands Offices de Bretagne de jour à autre.*

La Charge d'Amiral n'estoit-elle point comptée au nombre *des Grands Offices de Bretagne?* en fait-il une reserve particuliere lors qu'il dit qu'on supprima toutes les autres, & pretend-il comme l'on fait aujourd'huy que cette suppression fut *contraire aux Privileges de la Province?*

Mrs les Commissaires Deputez reprennent encore icy ce qu'ils ont déja dit en plusieurs endroits, que la Charge d'Amiral subsistoit encore en 1632. lors de l'union, & que par consequent, elle n'estoit ny supprimée, ny esteinte, *& qu'ils ne peuvent concevoir sur quel fondement le Secretaire General de la Marine, presume que cette Charge ait esté précisément supprimée au temps de l'union, puisque cette union mesme confirme les Traitez, dont la condition la plus essentielle, estoit la conservation des Offices de Bretagne.*

Cela paroist pourtant assez aisé à concevoir, & afin qu'il ne reste pas la moindre difficulté à Mrs les Commissaires Deputez là-dessus, il faut reduire la chose à des propositions si simples qu'ils ne puissent plus en disconvenir.

On convient donc avec eux, que la Charge d'Amiral de Bretagne a subsisté, distincte & separée de celle d'Amiral de France, depuis le premier mariage de la Duchesse Anne, non seulement jusqu'en l'année 1532. qui est celle de l'union de la Bretagne, mais mesme s'ils veulent jusqu'au jour & jusqu'au moment precis de cette union.

Mais on soustient aussi en mesme-temps, que dans le moment mesme de cette union & l'Office d'Amiral de Bretagne, & tous les autres Offices Ducaux, s'il en restoit encore quelqu'uns, ont esté également supprimez de plein droit par le titre seul de la reünion, & sans qu'il ait esté besoin d'une suppression expressement énoncée.

La raison qu'on leur en rapporte, est que dans le moment qu'une Province particuliere est unie à une Couronne, elle devient sujete à toutes les Loix generales de cette Couronne, & par consequent doit reconnoistre tous les Officiers, dont les Charges & l'autorité font partie de la Couronne mesme.

Et enfin pour confirmer ce principe en montrant qu'il a eu lieu dans l'occasion dont il s'agit, on met en fait que depuis le jour de l'union de la Bretagne à la Couronne jufques à prefent, M^rs les Commiffaires Deputez ne fçauroient faire voir aucunes Provifions, ny d'Amiral de Bretagne ny de quelqu'autre des Officiers Ducaux que ce puiffe eftre ; on les affure qu'il n'en a jamais efté fait mention depuis, & qu'ils ne trouveront point le nom d'Amiral de Bretagne, dans aucuns Actes, ny dans aucuns titres.

Il faut donc ou qu'ils conviennent que cette Charge a efté fupprimée, & a fait place comme toutes les autres aux Offices de la Couronne, ou qu'ils montrent qu'elle a exifté depuis la reünion, qu'ils rapportent les Provifions qui en ont efté données qu'ils nomment ceux qui en ont efté revetus, & qu'ils faffent voir enfuite, par quel enchantement cette Charge confervée en Bretagne, comme par miracle, pendant qu'on y fupprimoit toutes les autres, a difparu elle-mefme tout d'un coup, & a tranfmis fes pouvoirs & fes fonctions au Gouverneur de la Province fans qu'il nous refte le moindre veftige d'un changement fi fubit, & fi extraordinaire ny que nous puiffions feulement conjecturer, fous quel Regne, ou par l'autorité de quelque Prince il a efté fait.

X V.

Il eft étonnant que les titres tant promis par M^rs les Commiffaires Deputez qui devroient être fi decififs & fi peremptoires ne fe reduifent neanmoins qu'à de fimples raifons de convenance, qui ne fervent jamais qu'à fournir de matiere à difputer de part & d'autre, fans jamais approcher de la decifion ; celle qu'ils rapportent icy eft de ce nombre, car qu'y a-t-il de commun entre la queftion dont il s'agit, & le Tarif des droits que l'Amiral de France doit lever en Bretagne? Ces droits font differens dans toutes les Provinces du Royaume, fuivant leurs differens Ufages. Ce n'eft donc pas une raifon, qu'on puiffe valablement alleguer pour empefcher la Bretagne de reconnoiftre un Officier de la Couronne, que de dire

X V.

Il y a encore une feconde raifon pour laquelle il feroit impoffible que l'Amiral de France n'ayant pas par le titre de fa Charge l'Amirauté de Bretagne ; & l'Office d'Amiral de Bretagne ayant au contraire efté confervé par les Art. generaux des Traitez, les droits & fonctions d'Amirauté ayent pû appartenir à l'Amiral de France dans la Bretagne, en confequence de l'union de cette Province à la Couronne, qui eft cependant le feul titre de fa pretention, puis qu'il ne les auroit pû mefme avoir depuis fans le confentement des Eftats, & fans un titre fpecial qu'il n'a pû acquerir qu'avec la participation des Eftats, parce que l'un des Art. de leurs Privileges, & l'une des conditions expreffes de l'union, eft qu'il ne pouvoit eftre rien changé dans le Gouvernement, & principalement dans l'établiffe-

que cet Officier auroit voulu lever des droits qui n'estoient point en usage dans la Province, d'autant plus qu'il est de notorieté publique, & M^rs les Commissaires Deputez n'en disconviendront pas, que les droits que les Gouverneurs s'estoient attribuez en Bretagne, & dont M. le Duc de Chaune a toûjours joüy, ne sont en rien differens de ceux qui sont attribuez à l'Amiral de France dans tout le reste du Royaume, & par consequent, il n'y auroit pas de justice à vouloir donner pour une raison, l'incompatibilité de ces pretendus droits avec les Usages de la Province.

ment de Charges ou d'Offices sans les Estats; l'on n'a donc pas dû s'élever contre la resistance qu'ils ont declaré dans tous les temps, contre la pretention de l'Amiral de France, ny dire qu'elle estoit inutile, & ne pouvoit empescher l'effet du pouvoir & l'étenduë de l'exercice de l'Office d'Amiral de France en Bretagne, puisqu'au contraire, il ne l'auroit pû avoir sans leur participation, & qu'il estoit impossible qu'aux termes de la condition, des Traitez & au temps de l'union de la Province de Bretagne, il eut ce pouvoir en vertu du titre de son Office, l'Amiral de Bretagne & les autres Offices de Bretagne estant conservez par une clause generale des Traitez; & c'est à quoy le Sieur Secretaire General de la Marine n'a pas fait reflexion.

XVI.

Le Secretaire General de la Marine est obligé d'avoüer, qu'il n'a rien vû encore dans le Memoire de M^rs les Commissaires Deputez, qui détruise l'objection qu'ils rapportent encore icy sans la détruire; car de dire en l'air comme ils font, qu'il suffit pour exclure entierement l'Amiral de France, qu'il n'ait point esté reconnu dans les Traitez ny dans les Privileges de la Province, c'est 'dire, qu'ils ont droit d'en exclure quand il leur plaira, en vertu de leurs Privileges, le Connestable, le Chancelier, les Mareschaux de France & tous les autres Officiers de la Couronne, à moins que quelque maniere d'expliquer leurs Privileges inconuë jusqu'à present, ils ne fas-

XVI.

Aprés cela il ne faut pas que le Sieur Secretaire General de la Marine, qui a sans doute senty tout le poids de ce premier titre des Estats de Bretagne contre la pretention des Amiraux de France, se flatte de le pouvoir eluder, en disant, que ces Privileges qui avoient toûjours esté alleguez en faveur de la Province, n'estoient point justifiez. Qu'il n'y avoit aucun Article qui reservat au Gouverneur de Bretagne les droits d'Amirauté, qui contient quelque concession expresse & singuliere de titre d'Amiral de France, & qui derogeat aux droits de l'Amiral de France qui devoit y estre reconnu de droit commun par le seul titre de sa dignité, ny aux Ordonnances generales du Royaume pour la Marine;

fent voir qu'il y eft porté, que ces derniers pourront eftre reconnus en Bretagne & que l'Amiral feul en fera exclus, quoy qu'il n'y foit parlé ny des uns ny des autres.

Marine ; qu'il n'y en avoit rien dans les Contracts de Mariage de la Reyne Anne de Bretagne ; que les Lettres de Charles VIII. & de Louis XII. ne difoient pas un mot de l'Amiral ny du Gouverneur, *parce que cette couleur fpecieufe en faveur de l'Amiral de France, n'eft en effet qu'un faux brillant femblable à ces faux luifans au milieu des tenebres, qui perdent tout leur éclat à la moindre approche de la lumiere : car il n'y a rien de plus oppofé aux Privileges de la Province de Bretagne (&) à la Loy de l'union de cette Province, que la pretention de l'Amiral. Il n'a point efté neceffaire pour fonder ces Privileges de la Province contre la pretention de l'Amiral, que l'Amiral ou le Gouverneur de Bretagne ait efté nommement reconnu par une claufe expreffe. Il fuffit pour exclure entierement l'Amiral de France, qu'il n'ait point efté reconnu, (&) qu'il ait efté folemnellement convenu qu'il ne feroit rien changé dans les Offices ; que mutation arrivant, il y feroit pourveu à la nomination de la Reyne Anne de Bretagne Proprietaire du Duché, (&) les Lettres de Provifions fcellées en Bretagne. Et qu'enfin il ne fe pourroit faire aucun établiffement en Bretagne que par Lettres Patentes du Roy confenties par les Eftats, (&) verifiées dans les Cours Superieures.*

XVII.

L'on a prouvé tres-clairement à M^rs les Commiffaires Deputez, que la claufe de conferver les Offices n'a jamais regardé, ny l'Office d'Amiral de Bretagne ny les autres Officiers Ducaux. Ce feroit donc à eux à prouver leur propofition, avant que de l'employer, comme ils font en toutes occafions, comme un principe indubitable. Si cette claufe de conferver les Offices, regarde en effet les Officiers Ducaux, comment a-t-on laiffé fupprimer l'Office du Chancelier? Pourquoy la Reyne Anne qui maintenoit avec tant de chaleur & de vivacité les moindres droits & les moindres Privileges de cette Province, comme Dargentré le

XVII.

Les Privileges de Bretagne n'exceptent point, dit-on, le Gouverneur de Bretagne, ne parlent point de l'Amiral; Ils n'avoient garde d'excepter le Gouverneur. Ledit Sieur Secretaire General de la Marine dit luy-mefme, qu'il n'y en avoit point fous la domination des Ducs. Il n'eftoit point neceffaire de conferver l'Amiral de Bretagne, dés le moment que par une claufe generale l'on conferve tous les Offices du Pays ; (&) qu'il y avoit un Amiral en Bretagne qui eftoit compris dans l'expreffion generale, qu'il ne fera rien innové aux Offices.

C'eft donc une tres-mauvaife confequence de dire que ces Privileges de la Bretagne ne parlent ny du Gouverneur ny de l'Amiral de Bre-

Fol. 45. de fa Requefte.

dit luy-mefme, a-t-Elle fouffert fans rien dire, que l'on fupprimât l'Office de Chancelier dés l'an 1494. Que font devenus celuy de Marefchal, celuy de Grand Efcuyer & celuy d'Amiral enfin, dont la confervation eftoit fi importante, & comment ces Fonctions d'Amirauté & fur tout ces *droits incompatibles avec les anciens Ufages de la Province*, ont-ils efté transferez en un inftant au Gouverneur, c'eft une Enigme inexplicable que cette propofition. *La Charge d'Amiral de Bretagne a efté & dû eftre confervée aprés la reünion en vertu des Traitez & des Privileges de la Province ; mais cependant cette mefme Charge n'a point fubfiftée depuis la reünion, & les anciens Amiraux de Bretagne font reprefentez aujourd'huy par les Gouverneurs & par les Lieutenans Generaux en leur abfence.* Ce font les propres termes de M⁰ˢ les Commiffaires Deputez, c'eft ce qu'il faut qu'ils expliquent & qu'ils concilient, ou qu'ils conviennent que leur caufe eft abfolument infoutenable.

tagne ; *donc ces Charges ne font point comprifes dans les Privileges ; il fuffit que l'Office d'Amiral en Bretagne foit compris dans l'Article qui conferve les Offices de Bretagne en general ; & la confequence contraire eft bien plus naturelle ; les Offices de Bretagne font confervez ; il n'y doit rien eftre innové ; l'Office d'Amiral eftant un Office de Bretagne, il n'y doit eftre rien innové ; & par confequent l'Amiral de France eft expreffement exclu. Au contraire, pour ne les pas exclure, il auroit efté neceffaire qu'il y eut une claufe expreffe dans les Traitez qui y ont étendu l'Office d'Amiral à la Bretagne, puis qu'il y avoit une claufe pour ne rien innover dans les Offices de Bretagne ; & c'eft precifément à ne point reconnoiftre l'Amiral de France en particulier pour la Bretagne, que confifte l'un des Privileges de la Province, avec l'incompatibilité des droits de l'Amiral de France avec les anciens Ufages de la Province ; cette incompatibilité ne fe rencontrant point dans les droits exercez par les anciens Amiraux de Bretagne, reprefentée aujourd'huy par leurs Gouverneurs & par leurs Lieutenans Generaux en*

leur abfence. Il n'a donc point fallu d'exclufion expreffe de l'Amiral de France pour les droits d'Amirauté, parce qu'elle eftoit de droit.

D'ailleurs cette poffeffion ancienne des droits d'Amirauté independamment de l'Amiral de France, eft la meilleure interpretation de cette exclufion & doit avoir force de Loy.

XVIII.

Ces fortes de raifons politiques & generales, avec lefquelles il eft également aifé de foûtenir le pour & le contre, ne font jamais d'aucune confidera-

XVIII.

Si aprés ces demonftrations il eft encore neceffaire d'avoir recours à l'intereft public, il eft certain que les Eftats & toute la Province de Bretagne ont tres-grand intereft que

tion dans une affaire de la nature de celle-cy, où il faut des decisions precises ; car qui auroit-il de plus aisé que de prouver, s'il estoit à propos de le faire icy, qu'il est tres utile & mesme tres-necessaire à un Estat comme la France, que les affaires de la Navigation & du Commerce n'ayent rapport qu'à un seul Amiral en ce qui regarde ses fonctions, soit pendant la Paix ou pendant la Guerre, afin d'estre conduites par un mesme esprit & suivant les mesmes vûës : qu'il est necessaire, sur tout qu'il ait une tres grande autorité dans les Provinces Maritimes, afin que dans des temps facheux, des Gouverneurs suspects ne soient pas en estat de s'en rendre absolument les Maistres ; ce que disent aussi M^{rs} les Commissaires Deputez de la facilité d'obtenir des Commissions pour les Armateurs, lors que le Gouverneur est dans la Province-mesme n'est qu'un simple trait d'eloquençe, sans aucune solidité. M. le Duc de Chaulnes faisoit distribuer les siennes estant à Rome & à Cologne, comme s'il eut esté à Brest ou à S. Malo. On sçait comment cela se fait ; les Ports sont toûjours fournis d'un nombre suffisant de ces sortes de Commissions signées en blanc, elles sont remplies par les Officiers de l'Amirauté, suivant le besoin que l'on en a, & la presence ou l'absence de l'Amiral ou du Gouverneur de Bretagne sont également inutiles pour en avancer l'Expedition. Au reste, le Secretaire General de la Marine vou-

pour les droits d'Amirauté il n'y ait point d'extension de l'autorité des Amiraux de France en Bretagne.

L'on sçait que les Gouverneurs doivent répondre à V. M. de ce qui se fait dans leurs Provinces. Si l'Amiral de France exerçoit ses pouvoirs & son autorité dans les Ports & Havres de Bretagne, & si sans Commission de V. M. & sans attache des Gouverneurs l'on pouvoit entreprendre quelque chose, il est impossible que le Gouverneur puisse en répondre. C'est cependant le premier devoir de sa Charge. Seroit-il juste que sous pretexte de vouloir par l'Amiral de France faire observer toutes les Loix de la Mer, il pût obliger tous les Capitaines de Vaisseaux à prendre des Commissions & des Passeports de l'Amiral. La Province de Bretagne est un pays exempt dans tous les temps de l'Amirauté de France ; Les Bretons qui sont armez ou pour Guerre ou pour Marchandise, rencontrans les Vaisseaux du Roy, montrant leurs Brieux, c'est à dire, leur Passeport & Commission de leurs Gouverneurs, ne doivent pas estre traitez plus defavorablement que les Alliez de France ; les Ports de Bretagne sont libres à l'Amiral ; la Mer & les autres Ports du Royaume ne doivent pas estre refusez aux Bretons ; ils doivent estre conservez dans leurs anciens Privileges ; c'est la Loy sous laquelle l'union a esté faite à la Couronne.

A l'égard des Offices d'Amirauté, les Estats ont marqué leur profond respect pour V. M. & leur parfaite soumission à ses Ordres, en ne s'opposant point à l'enregistrement de l'Edit des Officiers de l'Amirauté

droit pouvoir eſtre d'accord avec Mrs les Commiſſaires Deputez ſur tout ce qui eſt contenu dans leur Memoire , comme il eſt ſur les loüanges qu'ils donnent icy à Monſeigneur le Comte de Tou-louſe , il ſe contente de les ad-mirer & d'y applaudir de tout ſon cœur , n'oſant pas entrepren-dre d'y rien adjouſter de luy-meſ-me , par la connoiſſance qu'il a de la modeſtie de ſon Maiſtre & de ſa propre foibleſſe.

de *Quoy que cependant dans les cahiers de leur Aſſemblée ſuivante ils n'ayent pas manqué d'en faire de tres-humbles remontrances à V. M.*

L'on comprend aſſez le préjudice que le Commerce pourroit ſouffrir, ſi les Armateurs & les Negocians eſtoient obligez d'employer l'auto-rité de l'Amiral de France , qui eſt toûjours à la Cour & attaché auprés de la perſonne de V. M. pour obte-nir les Permiſſions neceſſaires pour armer contre les Corſaires. Il fau-droit employer des perſonnes interpoſées. Les brigues , les embarras , les differents intereſts qui ſe trouvent toûjours dans les Maiſons des Princes, formeroient des obſtacles à l'armement dont la prompte execution en eſt ſouvent le principal avantage , & en retarderoient du moins l'effet. Il ſeroit d'ailleurs aſſez difficile qu'un Amiral de France qui a des ſoins ſi importans qui le peuvent appeller en des lieux ſi éloignez pour le bien du Service , pût avoir toutes les connoiſſances neceſſaires des beſoins par-ticuliers des Negocians ; au lieu que ces meſmes Negocians ont des ſecours plus preſens en la perſonne d'un Gouverneur , qui eſt ordinairement ſur les lieux , ou du Lieutenant General en ſon abſence ; qui ſçavent le détail de la Province qu'ils commandent , qui voyent par leurs yeux , qui en-trent dans leurs intereſts comme un Pere charitable & un Protecteur ; en un mot , la relation eſt toûjours plus intime & plus particuliere entre une Province & ſon Gouverneur.

C'eſt par ces conſiderations publics que les Eſtats & le Parlement de Bretagne , qui ſont les témoins & les Juges de ces beſoins publics , ont toûjours regardé le droit du Gouverneur de Bretagne comme compris dans les Art. du Traité de la Reyne Anne de Bretagne avec nos Roys. Le Com-merce que les Bretons ont toûjours fait & auquel ils ſont portez autant par leur inclination naturelle que par la ſcituation avantageuſe de leurs Ports , le droit & la poſſeſſion des Gouverneurs pour en faciliter les moyens , ont toûjours excité la jalouſie des Amiraux de France. Il n'eſt pas juſte que des intereſts particuliers prevalent à l'intereſt public.

Les Commiſſaires Deputez n'oſent pas ſe flater que la France ait dans tous les temps le meſme avantage de voir la Charge d'Amiral de France remplie par un Prince auſſi genereux , auſſi bien faiſant , & auſſi deſinte-reſſé , qui ſoit au deſſus de tous les mouvemens qui ont autrefois fait agir les anciens Amiraux de France qui eſtoient prevenus d'autres ſenti-mens moins epurez , & qui ont excitez tant de trouble dans la Province de Bretagne. Il eſt des temps où la faveur peut mettre ces Charges impor-tantes entre les mains d'un Amiral d'un autre caractere moins élevé &

plus

*plus exposez aux appas flateurs des droits d'Amirauté, une infinité d'au-
tres veuës peuvent faire justement craindre aux Estats de Bretagne,
l'abus & les suites d'une autorité moins bornée.*

*Il ne faut pas encore que le Sieur Secretaire General de la Marine en-
treprenne de diviser les interests des Estats de la Province de Bretagne
& ceux de ses Gouverneurs, ny qu'il insinuë qu'il doit estre indifferent
aux Estats de Bretagne, par qui les droits & les fonctions d'Amirauté y
soient exercez, ou par les Gouverneurs, & en leur absence par les Lieutenans Generaux ou par les Amiraux de France que la Province doit demeurer dans un estat tranquille & hors d'interest.*

*Les Commissaires Deputez ont assez de connoissance de leurs veritables
interests, pour ne se laisser pas surprendre par le faux appas de cette
consideration publique, la forte liaison qui doit toûjours estre entre les
trois Estats de la Province & le Gouverneur, & dont la correspondance
est mesme de l'interest de l'Estat & de V. M. doit conspirer à leur défense
mutuelle contre les innovations toûjours préjudiciables aux droits &
aux interests de la Province pour le connoistre parfaitement, il faut
reflechir sur les deux temps de l'union de cette Province à la Couronne,
& sur le temps qui a succedé.*

XIX.

C'est de quoy le Secretaire General de la Marine ne sçauroit
convenir; il en a déja expliqué la
raison; les droits d'Amirauté sont
differens presque dans toutes les
Provinces du Royaume, suivant
les differens Usages, mais ils n'ont
rien de commun avec l'autorité
de l'Amiral, qui est & qui doit
estre par tout la mesme; mais
comment M^rs les Commissaires
Deputez peuvent-ils soustenir;
*qu'il n'y avoit rien de plus impor-
tant pour les interests de la Bretagne, que les fonctions & droits
d'Amirauté fussent exercez par les
Gouverneurs.* Qu'est donc devenuë encore une fois cette Charge d'Amiral de Bretagne, si importante à la Province & dont la
conservation a fait l'unique objet de tant de Traitez & de Privileges ? Qui est-ce qui a fait dif-

X I X.

*Le Sieur Secretaire General de la
Marine est obligé de reconnoistre que
dans les premiers temps il n'y avoit
rien de plus important pour les interests de la Bretagne, que les fonctions & droits d'Amirauté fussent
exercez par ses Gouverneurs, &
que les Amiraux de France ne s'y ingerassent en aucune maniere, il y
avoit déja beaucoup de droits d'A-
mirauté introduits en France, qui
n'avoient jamais eu lieu en * Bretagne, la pluspart des droits qui y
estoient établis pour lors, n'estoient
point attribuez à la Charge d'Amiral, mais estoient purement * Domaniaux ensorte qu'il estoit impossible que les Amiraux de France
eussent étendu l'exercice & les pouvoirs de leurs Charges en Bretagne,
sans vouloir en mesme-temps s'appliquer les mesmes droits sous pretexte qu'ils les percevoient en France*

* Voyez les
art. 4. & 7.
du Cahier
des preuves
des premiers
Memoires.
* Voyez
l'art. 5. du
Cahier des
preuves des
premiers
Memoires.

Q

paroiſtre cette Charge qui ſub-
ſiſtoit aprés la reunion, & lors
que toutes les autres ne ſubſiſtoient plus ? C'eſt ce qu'il falloit expliquer.

*& ſans vouloir établir ceux qui ne
l'eſtoient pas en Bretagne.*

*Il n'y avoit donc rien de plus con-
traire aux Privileges & aux uſages
de Bretagne dont l'article eſſentiel
eſtoit de ne point recevoir de chan-
gement de nouveaux droits & de nouvelles Charges, c'eſtoit la condition
de l'union de cette Province acceptée, confirmée & jurée ſolemnellement,
ainſi il eſtoit eſſentiel à la Bretagne, que dans ce premier temps, ſon
Amirauté fut exercée par ſes Gouverneurs & non par les Amiraux de
France.*

*Quoy que dans le ſecond temps le reſpect & la ſoumiſſion de cette Pro-
vince pour la volonté & pour les ordres de leurs Roys, ait obligé les
Eſtats de s'aſſujettir au droit d'Ancrage & autres droits qui ont eſté
introduits du temps de M. le Cardinal de Richelieu &) dans les derniers
temps, à la creation des Juges d'Amirauté à laquelle ils avoient autrefois * reſiſté. Il faut que le Sieur Secretaire General de la Marine reconnoiſt qu'il reſte toûjours de grands avantages à la Province, que les
droits d'Amirauté demeurent à leurs Gouverneurs, pluſtoſt que de paſſer
en France à un Amiral dont les inclinations &) affections ſe partageant,
ſe regardant également dans toute l'eſtenduë du Royaume, les Commiſſaires Deputez eſtiment avoir aſſez touché ces avantages, ils peuvent meſmes ajoûter que peut-eſtre dans la ſuite l'attention particuliere ſur l'origine de la poſſeſſion des Gouverneurs ſur ce premier établiſſement, ſur les
intereſts & ſur les Privileges de la Province excitera la bonté de V. M.
quand le bien de ſon Eſtat luy permettra à ſuivre les mouvemens de ſon
cœur, à rendre à la Bretagne l'exemption des meſmes droits, de laquelle
elle joüiſſoit du temps de ſon union à la Couronne, & que la Charge luy
en ayant eſté impoſée ſeulement dans la conjoncture malheureuſe des
temps, il faut eſperer que la cauſe ceſſant, quand la tranquillité & la
durée d'une paix heureuſe auront reparé l'épuiſement des Finances, V. M.
reſtablira ce qu'elle n'a pû s'empeſcher de permettre dans le beſoin
preſſant.*

* Voyez l'art. 7. du Cahier des preuves des premiers Memoires.

X X.

Mrs les Commiſſaires Deputez
tâchent d'expliquer dans cet Article la difficulté dont on vient de
parler; mais c'eſt d'une maniere
bien difficile à comprendre ; car
comment peut-on entendre ces
paroles, *Le Duché ayant eſté érigé
en Gouvernement, depuis l'union, les
Privileges & les Droits d'Amirauté*

X X.

*Il reſte encore pour achever l'é-
tabliſſement de ce premier Titre des
Eſtats de Bretagne contre la pretention d'étendre les Pouvoirs de l'A-
miral de France en Bretagne, d'en
faire encore une juſte application
aux Gouverneurs de leurs Provinces, ſuivant l'uſage & leur poſſeſſion
continuelle, qui eſt leur dernier*

63

de Bretagne, ont esté transferez de plein droit au Gouverneur, qui a en effet succedé à l'Amiral de Bretagne, par le consentement des Estats, & par la volonté de nos Roys. A cela on répond.

1°. Que les Droits & les Privileges d'une Charge comme celle d'Amiral, ne sçauroient estre *transportez de plein droit* à une autre Charge, comme celle de Gouverneur, à moins que l'on ne veüille dire de mesme, que les fonctions & les Privileges de Mareschal ou de Connestable, ce qui estoit la mesme chose, luy ont esté aussi transportez de plein droit; & que les fonctions & les Privileges de Chancelier, ont esté transportez de plein droit au Premier President de Bretagne, en vertu de *la conservation des Offices & de la connexité des Charges.* Car il n'y a pas plus de fondement à l'un qu'à l'autre. Tout le monde sçait que l'authorité & les fonctions d'une Charge sont determinées & fixées par son Edit de creation, & qu'elles ne sçauroient jamais estre étenduës ny augmentées, que par la même puissance qui les a établies. Une Charge ne se détruit point d'elle-mesme, & une Charge ne succede point *de plein droit* aux fonctions d'une autre. Il faut que l'autorité du Souverain connuë & renduë publique par un Edit, supprime la premiere & en attribuë les fonctions à la seconde. Il falloit montrer que cela s'est fait à l'occasion de l'Amiral de Bretagne. Mrs les Commissaires Deputez ont bien senty, que cela n'estoit pas facile; ils tâchent

*titre. Il suffit pour exclure entierement les Amiraux de France d'avoir fondé le titre & leur exclusion sur les Privileges de la Bretagne, sur les Traitez de la Duchesse Anne avec nos Rois, sur les conditions de son mariage, & de l'union de sa Province; par cette seule raison, qu'il y avoit des Amiraux en Bretagne, qui n'avoient point esté supprimez que la loy de l'union estoit que l'on ne pouvoit rien innover aux Offices de cette Province, que l'on n'auroit pu mesme étendre les droits & les pouvoirs de l'Amiral de Bretagne à l'Amiral de France, sans la participation des Estats de la Province qui y ont perpetuellement resisté. Mais il n'est pas inutile d'ajoûter, que le titre & les fonctions d'Amiral en Bretagne estant lors subsistant & attaché aux Offices de la Province, & par cette raison les droits & fonctions de l'Amirauté de Bretagne ne pouvant estre transmis à l'Amirauté de France, qui estoit à cet égard en quelque maniere étrangere, l'on ne peut pas douter, que puis qu'il n'y avoit point du temps * des Ducs, de Gouverneurs de Bretagne, ainsi que le Sieur Secretaire General de la Marine, dit luy-mesme, & le Duché ayant esté erigé en Gouvernement depuis l'union, les Privileges & les Droits d'Amirauté de Bretagne ont esté transferez de plein droit au Gouverneur, qui a en effet succedé à l'Amiral de Bretagne par le consentement des Estats, par la volonté de nos Rois, par leurs Declarations expresses de 1588. 1609. & autres titres qui seront rapportez incontinent enfin par la possession publique & continuë qui a confirmé cette subroga-*

* Folio 45.

de glisser sur cet endroit, le plus legerement & le plus adroitement qu'il est possible : mais il est trop important à la question, pour ne le pas approfondir. On les supplie donc de s'expliquer nettement sur les Propositions suivantes.

tion necessaire pour empescher la multiplication des Officiers dans la Province du Gouverneur de Bretagne, à l'Amiral de Bretagne, & qui est le meilleur interprete, & le titre le plus solide des anciens usages.

1°. s'il n'est pas vray que la Charge d'Amiral de Bretagne, tant qu'elle a subsisté, n'estoit pas distincte & separée de celle de Gouverneur ; c'est de quoy ils ne peuvent disconvenir, puisque depuis le premier Mariage d'Anne de Bretagne, qui fut en 1491. jusques au temps de la reünion, qui fut en 1532. il y a toûjours eû des Gouverneurs de Bretagne & des Amiraux, differens les uns des autres ; ils en ont fait la Chronologie.

2°. Si cette Charge d'Amiral réelement distincte & separée de celle de Gouverneur, a subsisté depuis la reünion à la Couronne & combien de temps, & par qui elle a esté supprimée, puisque certainement elle ne subsiste plus ; par quels titres les fonctions & les droits de cette Charge d'Amiral qui ne subsiste plus, ont esté attribuez au Gouverneur de la Province. On a déja fait voir, qu'ils ne pouvoient y avoir esté attribuez *de plein droit* n'y ayant aucun rapport d'une de ces Charges à l'autre ; & l'on ne croit pas que M^{rs} les Commissaires Deputez veulent se servir serieusement des Declarations de 1588. & de 1609. qu'ils citent pourtant, comme les seules preuves qu'ils puissent avoir d'un fait si extraordinaire. On a déja parlé de la Declaration de 1588. au sujet du different arrivé entre M. de Joyeuse & M. de Mercœur, & des Articles qui furent arrestez entr'eux par une espece d'accommodement. Cette Declaration que citent icy M^{rs} les Commissaires Deputez ne fut donnée uniquement que pour annuller ces Articles aprés la mort de M. de Joyeuse, & remettre les choses en tel estat qu'elles estoient auparavant. En voicy les termes precis ; *Voulons que lesdits Articles demeurent éteints & abolis, pour demeurer les choses ainsi qu'elles estoient auparavant ; & joüir le Duc de Mercœur de son Gouvernement, avec les droits d'Amirauté en la mesme forme & maniere qu'ont fait les Srs Commissaires Destampes & de Martigues.* La Declaration de 1609. donnée par le Roy Henry IV. en faveur de M. de Vendosme, *porte seulement, pour joüir des droits d'Amirauté à luy dûs à cause de sa Charge de Gouverneur, en la mesme forme & maniere que ses Predecesseurs ont dû joüir.*

Mais comment peuvent-ils citer cette Declaration contre les Amiraux de France ? Il n'y a qu'à la lire pour voir qu'elle ne regarde pas seulement la question dont il s'agit, & qu'il n'y eut peut-estre jamais une piece qui porte plus de marques d'une veritable surprise. On expose au Roy Henry IV. comme un fait certain & non

contesté

contesté, *qu'à cause du Gouvernement de Bretagne, le Duc de Vendosme doit joüir de tous les droits d'Amirauté dans toute l'étenduë de son Gouvernement; & que neantmoins les Gouverneurs des Ports & Havres & autres, pendant les Guerres & l'absence du Duc de Vendosme, se sont ingerez d'entreprendre sur les droits d'Amirauté, & ont iceux usurpez par l'intelligence qu'ils ont euë avec les Officiers ordinaires des lieux:* Et c'est sur cet exposé, dont la fausseté est visible, que le Roy declare qu'il *confirme au Duc de Vendosme tous les droits d'Amirauté à luy dûs en l'étenduë des Costes, Havres, Ports, pour en joüir en la mesme forme & maniere que ses Predecesseurs.* Par quelle Logique peut-on rien conclure de là contre les Amiraux de France, ny faire voir que le Roy instruits de leurs raisons, & ayant examiné leur droit, a jugé que leur pretension ne pouvoit se soustenir contre celle des Gouverneurs de Bretagne. Ce sont pourtant là les deux grands titres que M^{rs} les Commissaires Deputez citent en cet endroit comme des Declarations expresses, pour prouver que nos Roys par leur autorité toute-puissante, ont supprimé depuis l'union la Charge d'Amiral de Bretagne, qui jusques là avoit esté conservée, & qu'ils en ont attribué toutes les fonctions & tous les droits à celle de Gouverneur de la Province; mais on doute qu'il se trouve personne à qui cette preuve paroisse concluante.

X X I.

L'Amiral de France y a plus d'interest que jamais, mais l'on ose ajoûter que M^{rs} les Commissaires Deputez ont interest eux-mesmes de faire un systême plus précis & plus suivy sur la conservation de leurs Offices & de leurs Privileges: Car comment peuvent-ils expliquer ce qu'ils disent icy, que l'Office d'Amiral de Bretagne subsistoit, *& qu'il s'est conservé avec tous les autres Offices de la Bretagne par les Traitez?* Où sont donc ces Offices qui se sont conservez? Où est celuy de Chancelier & de Grand Mareschal? Où est celuy d'Amiral même, dont il s'agit aujourd'huy? Comment peuvent-ils estre en même temps conservez

X X I.

Encore une fois, l'on peut assurer que l'Amiral de France n'y a plus d'interest, il suffit qu'il soit absolument exclu, le titre de son exclusion est écrit dans les conditions des Traitez & de l'union de la Province, qui ne permettent pas qu'on admette l'Amiral de France à l'Office d'Amiral de Bretagne, qui subsistoit & qui est conservé avec tous les autres Offices de la Bretagne par les Traitez. Il suffit donc qu'il soit impossible que la Charge d'Amiral de France renferme par le seul titre de son Office, les droits d'Amirauté de Bretagne, pour faire voir qu'estant absolument exclus, il n'a plus d'interest dans l'Amirauté de Bretagne.

& aneantis? Mais ce qu'il y a de plus important où est écrit ce pretendu Privilege de *ne rien changer aux Offices de la Province?* où est cette *clause generale de conserver tous les Offices du Païs* qu'ils citent en toutes occasions avec tant de confiance (sur tout dans l'Art. 17. de leur second Memoire) & qui ne se trouve nulle part. Dans quels Actes

R

est-elle inferée? en quels termes y est-elle conçûë? ils ne les indiquent point, & le Secretaire General de la Marine qui a examiné avec soin tous ceux qui regardent cette matiere, ne l'a pû rencontrer jusques à present.

XXII.

On a déja suffisamment répondu à l'induction que l'on peut tirer de ces quatre Provisions. Ainsi il est inutile d'en parler davantage; ce n'est point par là que la question doit estre decidée.

XXII.

Le second titre qui fonde le droit & la possession des Gouverneurs de Bretagne dans les droits d'Amirauté de cette Province, est écrit dans les Provisions mesme du Gouverneur.

Les Commissaires Deputez pour ne point confondre, n'employeront icy que les clauses des Provisions des Gouverneurs de Bretagne, dans lesquelles les droits d'Amirauté sont specifiquement compris, parce que les reflexions qui sont à faire sur les Actes de possession & sur les autres Gouverneurs, seront observez dans l'ordre des temps en examinant les faits de possession.

Ainsi les Commissaires Deputez ne releveront sur ce titre que les clauses des Provisions des quatre derniers Gouverneurs; c'est à dire de ceux qui ont esté pourveus depuis le trouble excité en 1582. par l'Amiral de Joyeuse beau-frere & favory d'Henry III.

Ces quatre Provisions sont celles,

De Cesar Duc de Vendosme, en 1598.

De La Reyne Mere, en 1647.

De Monsieur le Duc de Chaulnes, en 1670. &

De Monsieur le Comte de Toulouse, en 1695.

XXIII.

Mrs les Commissaires Deputez avancent icy une proposition qui conclut directement contr'eux, ils disent que dans les Provisions de Mrs Destampes, Martigues, Montpensier & Mercœur, on s'estoit contenté d'employer la clause generale pour joüir du Gouvernement aux mêmes droits que les précedéts Gouverneurs, & que cela emportoit tacitement la qualité d'Amiral.

Or il est certain, que les precedents Gouverneurs, c'est à dire ceux qui avoient été nommez depuis le premier Mariage de la Du-

XXIII.

Il est certain qu'auparavant le premier trouble fait par l'Amiral de Joyeuse dans la possession publique & universellement reconnuë des droits d'Amirauté par les Gouverneurs de Bretagne depuis son union à la Couronne en 1532. Il n'avoit point esté necessaire de prendre aucune precaution; l'on s'estoit contenté dans les Provisions de M. Destampes de 1542. de M. de Luxembourg Vicomte de Martigues en 1561. de M. de Montpensier en 1569. & de M. le Prince de Dombes en survivance en 1575. de M. de Mercœur en 1582. d'y employer la clause ge-

cheffe Anne jufqu'à l'union à la Couronne, n'avoient pû ny dû joüir des droits d'Amirauté en Bretagne, puifque pendant tout ce temps-là, il y avoit des Amiraux particuliers pourvûs par des Provifions diftinctes & feparées, & que l'année même de la reünion, le Sieur Chabot Brion eftoit revétu de cette Charge, & que le Sieur de Chafteaubriand eftoit Gouverneur de la Province.

La confequence en eft facile à tirer, donc les premiers Gouverneurs de Bretagne n'avoiét aucun droit fur l'Amirauté, donc leurs Succeffeurs n'ayát qu'un droit relatif à ceux qui les avoient precedez, n'ôt pû y en avoir aucü auffi. C'eft M[rs] les Commiffaires Deputez à y répondre s'ils peuvent.

La méprife dont ils avertiffent icy le Secretaire General de la Marine, & dont il leur fait de tres-humbles remerciemens, n'eft qu'une faute de Copifte qui a écrit Montpenfier au lieu d'écrire Martigues, & qui a repandu la mefme faute dans le refte du Memoire dont les copies furent faites avec beaucoup de precipitation : On n'a pas neanmoins jugé à propos de la corriger à l'impreffion, croyant qu'il eftoit mieux de laiffer le Memoire en l'eftat qu'il a efté prefenté au Roy; mais cela eft tres-aifé à rétablir, il eft dit que l'ordre *de pourvoir aux Garde-Coftes fut envoyé aux Gouverneurs de Picardie, Normandie & Bretagne, à l'occafion de la revolte de l'Amiral de Chaftillon, & que le Duc de Montpenfier, qui fut pourvû du Gouvernement de Bretagne durant le fort de la Rebellion, c'eft-à-dire en 1562. profita habilement de cette occafion, pour faire inferer cette claufe dans fes Provifions*, il eftoit bien aifé de fçavoir que c'eft M. de Martigues qui fut pourvû de ce Gouvernement le 20. Mars 1562. & que M. de Montpenfier ne luy fucceda qu'en 1569. ainfi ce n'eft qu'un nom écrit pour un autre; mais en tout cas il eft toûjours certain & démontré, que *cette claufe de pourvoir aux Garde-Coftes* n'a efté inferée dans les Provifions du Gouverneur de Bretagne, qu'à l'occafion des troubles des Huguenots, & en 1562. pour la premiere fois, ainfi le fyfteme fubfifte toûjours.

neral, que c'eftoit pour joüir aux mefmes droits que les Gouverneurs precedens, parce que comme les Predeceffeurs en avoient paifiblement joüy, l'on eftimoit que l'expreffion fpecifique des droits d'Amirauté n'eftoit pas neceffaire. Il eft vray que dans les Provifions de M. de Martigues de 1567. de M. de Montpenfier de 1569. de M. le Prince de Dombes de 1575. & mefme de M. de Mercœur de 1582. l'on avoit ajoûté, le droit de pourvoir aux Gardes-Coftes, tant de ceux qui ont la Charge pour le fait de la Guerre, que de ceux qui doivent vifiter les Navires & autres Vaiffeaux qui entrent & fortent, afin qu'il n'entre & ne foit tiré aucunes chofes prohibées & défenduës : Mais cette extenfion n'eftoit point neceffaire, le tout eftant compris dans la claufe generale, pour en joüir comme les Predeceffeurs Gouverneurs, parce qu'ils en avoient inconteftablement joüy.*

---

* La claufe donc de pourvoir au Garde-Coftes & de vifiter les Vaiffeaux à l'entrée & à la fortie des Ports, fe trouve dans les Provifiôs de M. de Martigues; il n'y a qu'à les lire. Le Sieur Secretaire General de la Marine n'y a pas fait de reflection, quand il a affeuré fi pofitivemét dans fa Requefte, que ce ne fut que M. de Montpenfier pourveu du Gouvernement de Bretagne, aprés M. de Martigues, qui l'a fit le premier inferer dans les fiennes, à l'occafion de la defection de l'Amiral de Colligny. Comment cela luy a-t'il échapé, & que deviendra fon fyftème, les temps n'y quadrent plus?

XXIV.

Toutes ces Provisions sont relatives aux premieres & au droit des premiers Gouverneurs. C'est donc là qu'il faut aller, si les premiers Gouverneurs ont esté Amiraux de Bretagne, les derniers le doivent estre aussi ; s'ils ne l'ont point esté, toutes ces Provisions qui ne sont que relatives aux premieres, n'establissent pas un droit nouveau.

XXIV.

Ce fut seulement depuis 1582. que le trouble excité par M. l'Amiral de Joyeuse, avoit aussi excité quelques precautions particulieres qui avoïet esté negligées auparavant ; c'est pour cela que le Roy étendit les clauses des Provisions de M. le Duc de Vendosme, qui est le premier Gouverneur pourveu aprés le trouble.

Les Provisions du 26. Avril 1598. enregistrées au Parlement de Bretagne le 14 May de la mesme année parlent *non seulement des Gardes-Costes, ainsi que les precedentes. A quoy il semble que le Sieur Secretaire General de la Marine les ait voulu restraindre. Mais les droits d'Amirauté y sont specifiquement compris ; les termes sont (* aux honneurs, autoritez, prerogatives, pouvoirs & droits d'Amirauté prééminances. *) Voilà donc les droits d'Amirauté employez nommement dans les Provisions de la Reyne Mere de V. M. du 30. Mars 1647. Elle les y a encore exprimé nommement avec cette circonspection mesme, que c'estoit precisément ce qui appartenoit à l'Amiral de France dans les autres Provinces du Royaume, les termes sont,*) Tous les pouvoirs, prerogatives, attributions & droits d'Amirauté dudit Pays qui ont esté cy-devant attribuez aux Amiraux, & à present à la Charge de Grand Maistre, Chef & Sur-Intendant General de la Navigation & Commerce.

Mais il ne faut pas de preuves plus authentiques du droit & de la possession des Gouverneurs que la clause mesme qui se trouve apposée dans les deux dernieres Lettres de Provision que le Roy a donné de ce Gouvernement en 1670. à M. le Duc de Chaulnes, & en 1695. à M. le Comte de Toulouse, parce que les Droits d'Amirauté y sont specifiquement employez, & dans les mesmes termes, M. le Comte de Toulouse estoit déja Amiral de France. Cependant V. M. a voulu marquer nettement l'étenduë de ses pouvoirs au sujet de l'Amirauté en la Province de Bretagne comme Gouverneur, & la distinguer de ceux en qualité d'Amiral, les termes dans lesquels il s'en est expliqué, en sont exprés.

Et dautant que nostre interest est de donner à nostredit Fils legitimé dans ladite Province, la mesme autorité qu'avoit nostredit Cousin le Duc de Chaulne, Nous luy avons comme à nostredit Cousin & ses Predecesseurs, *dans celle de M. de Chaulnes, il estoit dit la mesme autorité qu'avoit la Reyne & ses autres Predecesseurs.* (Donné & octroyé, donnons & octroyons tous les pouvoirs, prerogatives & droits dans ledit Pays de Bretagne, & qui ont esté cy-devant attribuez

attribuez aufdits Amiraux dans le refte du Royaume , Voulons &
Nous plaift), qu'il commette feul tous les Officiers qui feront ne-
ceffaires dans ladite Province , pour exercer ledit Droit en icelle. *Il
y a claufe comme dans celles de M. de Chaulnes* , nonobftant toutes reftrictions & modifications faites ou à faire.

Voilà donc une preuve certaine. 1°. Que les pouvoirs , prerogatives &
droits d'Amirauté appartenoient aux Gouverneurs de Bretagne , comme
à leurs Predeceffeurs. 2°. Que les droits & pouvoirs d'Amirauté en Bre-
tagne font les mefmes que ceux attribuez à l'Amiral dans le refte du
Royaume , en forte que l'Amiral ne les exerce point en Bretagne.

X X V.

M̛rs les Commiffaires Deputez aprés avoir entrepris de prouver , que M̛rs Deftampes , Martigues & Montpenfier ont efté
Amiraux de Bretagne , parce que
les droits d'Amirauté font énoncez dans les Provifions de M. le
Duc de Chaulnes & de Monfeigneur le Comte de Touloufe ,
entreprennent de prouver pre-
fentement d'une maniere toute
oppofée ; que les S̛rs Boüillé ,
Tournemine & la Hunaudaye ,
ont efté Vice-Amiraux de Bretagne , parce qu'il n'en eft pas
dit un feul mot dans leurs Provifions , ils affurent *que cela eftoit*
inutile , parce que n'ayant pas en-
core efté troublez par les Amiraux,
cette precaution n'eftoit pas necef-
faire ? Mais dans quel temps n'a-
t-il point efté neceffaire d'expliquer dans les Provifions d'un Officier , toutes les fonctions de fa
Charge , & quel autre moyen
avoit-on trouvé alors pour in-
ftruire les Lieutenans Generaux
de ce qui eftoit de leur devoir,
& pour apprendre aux peuples
en quoy ils leurs devoient obeïr.
Ils difent , qu'encore que *cette qua-*
lité de Vice-Amiral ne fut pas énon-

X X V.

L'on pourroit ajoûter à ce fecond
titre une autre preuve de mefme
qualité écrite dans les Provifions
des Lieutenans Generaux au Gou-
vernement de Bretagne aufquels on
a mefme quelquefois donné par le
titre mefme des Provifions la qua-
lité de Vice-Amiraux.

Quoy que le Sieur de Boüillé de
Tournemine la Hunaudaye , ainfi que
les autres Lieutenans Generaux de
la Province de Bretagne ayent toû-
jours fait en l'abfence des Gouver-
neurs les fonctions de l'Amirauté,
les Commiffaires Deputez convien-
nent que dans leurs Provifions , la
qualité de Vice-Amiral n'y a point
efté employée ; c'eftoit un temps au-
quel les Amiraux de France ne s'e-
ftoient pas encore ingerez de troubler
les Gouverneurs ou les Lieutenans
Generaux de la Province en leur ab-
fence dans les droits ny dans les fon-
ctions d'Amirauté ainfi comme ils
eftoient en poffeffion , tranquille , pu-
blique & reconnuë , l'on ne prenoit à
cet égard aucune precaution , ce fut
feulement en celle du Sieur Fontaine-
beüil , que la qualité de Vice-Amiral
fut employée en 1579. c'eft ce qui pa-
roift par les Lettres de Survivance
accordées par le Roy Henry III. de la

cée dans *ses Provisions*, *elle y estoit sans doute comprise*, *parce que la qualité seule de Lieutenant General en Bretagne emporte celle de Vice-Amiral*, *par la mesme raison que la Charge de Gouverneur de la Province emporte tacitement celle d'Amiral*. Jamais asseurement preuve n'eût plus besoin d'estre prouvée; mais pour se renfermer uniquement aux Provisions de Lieutenant General que l'on rapporte icy qui sont celles de Fontainebeuïl & les premieres où l'on ait fait glisser la qualité de Vice-Amiral de Bretagne. On prie M^rs les Commissaires Deputez de vouloir s'accorder là-dessus avec le Parlement de Bretagne, qui estoit alors si éloigné de croire, comme ils le disent, que *la qualité de Vice-Amiral fut sans doute comprise dans les Provisions de Lieutenant General*, où il n'en estoit point fait mention; que ce Parlement mesme refusa de l'y reconnoistre, lors qu'elle y fut formellement & precisement énoncée. C'est pour cela qu'il fit mettre dans l'enregistrement des Lettres de Fontainebeüil, *sans approbation de la qualité de Vice-Amiral portée par icelle*; si M^rs les Commissaires Deputez vouloient convenir aprés cela, que la *Charge de Gouverneur de la Province emporte tacitement celle d'Amiral* comme *celle de Lieutenant General emportoit celle de Vice-Amiral*, dans l'idée du Parlement de Bretagne, le procez seroit bien-tost fini.

mesme Charge au Sieur Fontainebeüil où parlant d'un de ses Predecesseurs dans la Charge de Lieutenant General, on se sert de ces termes (nostre amé & feal de Boüillé nostre Lieutenant General & Vice-Amiral dudit Pays) *ç'a esté la raison pour laquelle les Commissaires Deputez avoient dit dans leur premier Memoire que la mesme qualité de Vice-Amiral de Bretagne estoit dans les Provisions du Sieur de Boüillé & en celles du Sieur Tournemines de la Hunaudais, mais quoy qu'elle n'y fust pas écrite, elle y estoit sans doute comprise, puisque la qualité seule de Lieutenant General, emporte celle de Vice-Amiral en Bretagne par la mesme raison, que la Charge de Gouverneur de la Province emporte tacitement celle d'Amiral, qu'elle renferme les droits & fonctions d'Amirauté en Bretagne, & que dans les premiers temps qu'il n'y avoit aucun trouble dans leur droit & possession, on ne les employoit point dans les Provisions de Gouverneurs, parce que sous le titre de Gouverneur, ils joüissoient & ont toûjours joüy de de tous les droits d'Amirauté dans la Province, & par consequent les Lieutenans Generaux en leur absence, c'est aussi sur ce mesme fondement que quoy que dans les Provisions du Sieur de Fontainebeüil, les qualitez de Lieutenant General de Bretagne & de Vice-Amiral fussent employez conjointement. L'Arrest du Parlement de Bretagne qui les a enregistrées n'y parle point de la qualité de Vice-Amiral. Mais seulement de celle de Lieutenant*

General, parce qu'il a sans doute jugé que la qualité de Lieutenant General l'emportoit en effet de mesme que celle de Gouverneur emportent celle d'Amiral dans la Province , quand elle ne feroit point exprimée dans les Provifions.

XXVI.

Ce qui eſt dit du Chancelier de Bretagne n'eſt encore qu'une faute de Copiſte ; c'eſt le Chancelier de Biragne qu'il falloit mettre ; l'Acte en eſt entre les mains de M. le Raporteur , & il ne peut y avoir d'equivoque.

XXVI.

Si le Sieur Secretaire General de la Marine pouvoit juſtifier ce qu'il a avancé que le Chancelier de Bretagne ne voulut pas recevoir le ferment du Sieur de Boüillé que comme Lieutenant General de Bretagne , & non comme Vice-Amiral , ce n'auroit pû eſtre , parce que n'eſtant pas une Charge en titre , ce n'eſtoit qu'une Commiſſion , comme on a dit , mais plûtoſt parce que c'eſtoit une qualité attachée & unie par ſes fonctions à la Charge de Lieutenant General : mais l'on ne conçoit pas ſur quel fondement ce fait a eſté allegué , puis qu'il paroiſt que dés 1492. il n'y avoit plus de Chancelier de Bretagne dont la Charge avoit eſté ſupprimée , ſuivant le témoignage du Sieur Dargentré & ce qu'a dit le Sieur Secretaire General de la Marine ; cependant le Sieur de Fontainebeüil n'a eſté pourveu qu'en 1579. de la Charge de Lieutenant General de Bretagne , c'eſt à dire , plus d'un Siecle aprés ; quoy qu'il en ſoit , encore que le Sieur de Boüillé & le Sieur de Tournemine de la Hunaudais n'euſſent point dans leurs Provifions de Lieutenant General au Gouvernement de Bretagne la qualité de Vice-Amiral , ils n'ont pas laiſſé d'en faire les fonctions pour la Marine & pour l'Amirauté , ayant receu & executé les ordres du Roy dans la feule qualité de Lieutenant General , ainfi que le Sieur de Vieuxpont de Neufbourg , M. le Marefchal de Briſſac , M. le Marefchal de la Meilleraye , & M. le Duc de Chaulnes qui a eu auſſi la qualité de Lieutenant General auparavant que d'eſtre Gouverneur , & M. de Lavardin ; l'on voit meſme que dans les Provifions du Sieur de Vieuxpont de Neufbourg de 1593. & de M. le Marefchal de Briſſac en 1596. Henry IV. de glorieufe memoire leur donne pouvoir de faire armer & freter les Vaiſſeaux , les mettre en Mer & les envoyer en Guerre pour les oppoſer aux Ennemis.

XXVII.

Cette difficulté n'eſt point legere , & Mrs les Commiſſaires Deputez n'y repondent point ; il ne s'agit point icy d'Officiers d'Amirauté , il s'agit d'Officiers de Marine , de Capitaines de Vaiſſeaux , Pilotes , Maiſtres de Ports ,

XXVII.

La difficulté que fait le Sieur Secretaire General de la Marine ſur ce que les Provifions de Lieutenans Generaux ne ſont addreſſées qu'aux Juges de Seigneurie & non pas aux Officiers de la Marine , peut eſtre retorquée contre la pretention des

Matelots &c. dont l'Amiral de France arreſtoit les Gages en Bretagne.

Comment les Gouverneurs & lesLieutenansGeneraux auroient-ils pû leur commander & s'en faire obeïr, puis qu'il n'en eſt rien dit dans leurs Proviſions; & comment les Officiers de Marine euſſent-ils pû les reconnoiſtre au prejudice de l'Amiral de France, qui les employoit tous les ans dans les Eſtats de la Marine.

Amiraux de France, parce qu'elle fait connoiſtre qu'il n'y avoit jamais en Bretagne de Juges d'Amirauté autres que les Juges des Ducs qui ont toûjours connu & jugé des affaires de la Marine. Si ces Amiraux de France avoient eſté en droit d'étendre leurs pouvoirs ſur la Bretagne comme ſur le reſte de la France, ſous le titre d'Office de la Couronne, ils n'auroient pas manqué d'établir des Juges d'Amirauté en Bretagne comme ils ont fait dans les autres Provinces : Mais comme ils n'y exerçoient pas les droits d'A-

mirauté, ils ne l'ont pû obtenir quelqu'inſtances qu'ayent fait à cet effet les Amiraux de Joyeuſe, de Damville & de Montmorancy.

Ils ſont tous entre les mains de M. le Rapporteur depuis 1532. juſqu'en 1626.

X X V I I I.

Ce n'eſt pas une ſimple curioſité, que de ſçavoir s'il eſt vray comme on l'a démontré par les Comptes de la Marine & par les Proviſions de Vice-Amiraux, que depuis 1532. juſqu'en 1626. il ne s'eſt rien fait dans toute la Bretagne touchant la Marine, que par ordre exprés des Amiraux de France ou ſous leur autorité; c'eſt peut-eſtre une des choſes des plus importantes pour la deciſion de cette queſtion.

X X V I I I.

Au reſte, il ne s'agit pas icy d'élever les prerogatives de la Charge & des fonctions de Vice-Amiral de Bretagne, auſquelles le Sieur Secretaire General de la Marine a affecté de donner de ſi vives atteintes; l'on examine ſeulement en cet endroit ſi les Lieutenans Generaux ont eu droit de faire les fonctions en l'abſence des Gouverneurs de la Province; de quelle conſequence qu'ils puiſſent eſtre, l'article paroiſt aſſez indifferent. Les Commiſſaires Deputez pourroient aiſément en re-

lever l'éclat & l'exercice : mais eſtant obligez de dire tant de choſes neceſſaires dans une affaire qui leur eſt d'une auſſi grande conſequence, ils ne s'arreſteront pas à répondre à de ſimples curioſitez: Ce qu'ils peuvent dire eſt, que l'on doit juger de l'importance de ſes fonctions par cette ſeule reflexion, Qu'il faut bien que la Charge & l'Employ de l'Amirauté en Bretagne, & par conſequent la Vice-Amirauté, qui eſt en effet le meſme exercice en abſence du Gouverneur, ſoient regardez comme fort importans, puiſque le Sieur Secretaire General de la Marine marque tant d'empreſſement, & ſe donne autant de mouvement pour faire valoir la pretention de M. l'Amiral de France pour les fonctions d'Amirauté en Bretagne.

Ce

Ce qui pourroit peut-eftre caufer quelque meprife, c'eft la conformité du nom de Vice-Amiral, que l'on trouve encore avoir efté donné en Bretagne à quelques perfonnes autres que les Lieutenans Generaux, le Sieur Secretaire General de la Marine en rapporte beaucoup de cette forte, dans fa Requefte, & s'attache fort à en faire valoir le nombre & la fucceffion, mais comme ces derniers, quoy qu'ils portaffent fi l'on veut, le nom de Vice-Amiraux, n'eftoient pourtant à proprement parler, (comme le Sieur Secretaire de la Marine, de qui on le tient le dit luy-mefme) que comme font aujourd'huy les Intendans de Marine. Il eft certain que les fonctions de leurs Commiffions, n'avoient rien de commun avec celles de la Charge de Lieutenans Generaux de la Province en qualité de Vice-Amiraux qui n'en pouvoient par confequent recevoir de prejudice, fi la Commiffion des uns s'eft rencontré quelquefois unie dans la mefme perfonne avec la Charge des autres, ce qui a pû arriver quoy que rarement, cela n'a pû nuire aux droits, honneurs & prerogatives des Lieutenans Generaux fur le fait de l'Amirauté en Bretagne, qui font toûjours demeurez fort differens & fort diftinguez de ceux de ces Commiffionnaires.

XXIX.

XXIX.

On a expliqué plus haut le different de Mrs de Joyeufe & de Montpenfier; c'eft pourquoy l'on ne s'y arreftera icy qu'autant qu'il eft neceffaire, pour faire voir encore, que M^{rs} les Commiffaires Deputez n'en fçauroient tirer aucun avantage. Ils pretendent qu'aux termes de la Declaration de 1588. qu'ils rapportent, il eft certain que tous les droits de l'Amirauté demeurent attachez à la Charge de Gouverneur de Bretagne ; il n'y a qu'à lire les termes de cette mefme Declaration, pour y trouver precifement le contraire ; il y eft dit, que le Duc de Mercœur joüira de fon Gouvernement avec les droits d'Amirauté, *tout ainfi qu'en ont joüy le Duc Deftampes & le Sieur de Martigues* ; la decifion n'eft donc que conditionnelle ; il faut voir auparavant, fi le Duc Deftampes & le Sieur de Martigues

Le troifiéme titre des Gouverneurs de Bretagne pour le droit & la poffeffion de l'Amirauté en cette Province eft tiré des Lettres patentes de 1588.

Il eft affez extraordinaire que le Sieur Secretaire General de la Marine qui n'a rien obmis de ce qui peut fervir aux droits des Amiraux de France ait oublié de parler de ces Lettres de 1588. quoy qu'elles foient de fort grande confequence pour l'établiffement du droit des Gouverneurs de Bretagne.

Il a bien parlé de la conteftation qui avoit efté fi fort animée entre M. l'Amiral de Joyeufe, qui eft l'auteur de tout le defordre, qui a le premier excité le trouble en 1582 & qui avoit donné lieu aux art. qui avoient efté projetez en 1584. mais il n'a pas penfé aux Lettres de 1588. qui ont fuivy, il faut donc l'en faire fouvenir, fuppleer à ce qu'il n'a pas dit & l'obferver comme un

T

ont joüy ou dû joüir des droits d'Amirauté, c'eſt-à-dire, il faut reprendre l'affaire dans ſon principe, juſques là il n'y a rien de fait.

titre deciſif pour les Gouverneurs de Bretagne M. l'Amiral de Joyeuſe pourveu nouvellement de la Charge d'Amiral de France en 1581. ſe flattant de pouvoir par ſon credit donner atteinte aux Privileges de Bretagne au droit & à la poſſeſſion du Gouverneur de cette Province, entrepriſt d'y troubler M. le Duc de Mercœur qui eſtoit auſſi nouvellement pourveu du Gouvernement, pour y trouver quelque pretexte, voyant qu'il ne le pouvoit pas abſolument comme Amiral de France ; il crut ſe devoir ſervir de la qualité d'Amiral de Bretagne, qu'il n'avoit pas, & qui n'eſtoit pas employée dans ſes Proviſions, mais pour autoriſer cette qualité, il obtint par la faveur qu'il s'eſtoit acquiſe auprés du Roy Henry III. de nouvelles Lettres le 24. Juin 1582. dans leſquelles ſur la preſuppoſition de cette fauſſe qualité d'Amiral de France & de Bretagne qu'il eut l'adreſſe de faire employer en ſes nouvelles Lettres, il ſe fit donner pouvoir de donner tous les Ordres & de pourvoir à tous les Offices d'Amirauté que le Roy Henry II. s'eſtoit reſervé par ſon Edit du mois d'Avril 1554. les Eſtats de la Province, le Gouverneur, & le Parlement de Bretagne s'éleverent contre cette nouvelle entrepriſe, firent leurs remontrances au Roy ſur la conſequence, repreſenterent à Sa Majeſté que la Bretagne n'ayant point connu depuis l'union de cette Province à la Couronne d'autre Amiral que le Roy qui en avoit laiſſé les fonctions aux Gouverneurs, qui en eſtoient en poſſeſſion, ce ſeroit multiplier le nombre d'Officiers dans la Province, & ruïner leurs Privileges, l'Amiral de Joyeuſe avoit lors tout credit, ce que put faire le Parlement de Bretagne pour conſerver les Privileges de la Province, par l'enregiſtrement, qu'il ne pouvoit s'empeſcher de faire de ces Lettres, fut d'inſerer dans ſon Arreſt d'enregiſtrement du 6. Septembre 1582. la clauſe pour joüir par ledit Sieur Duc de Joyeuſe Amiral de France & de Bretagne, de l'effet deſdites Lettres ainſi qu'on fait les precedens Amiraux audit Pays, ſuivant les Couſtumes, Uſances, & Privileges d'iceluy & ſans pour ce prendre autres droits que les anciens & accouſtumez, retarder ou empeſcher la liberté, franchiſe du Commerce des Marchands trafiquants par Mer, ny prendre congé ou permiſſion pour cet effet, ny établir aucune Juriſdiction ny Officiers pour l'Amirauté dont la connoiſſance demeurera aux Juges Royaux des lieux, ainſi que par le paſſé.

C'eſtoit beaucoup dans la conjoncture des temps que le Parlement de Bretagne eut eu aſſez de vigueur pour apporter ces temperammens, en ne laiſſant d'autre pouvoir à l'Amiral de Joyeuſe que de joüir ainſi qu'avoient fait en Bretagne les precedens Amiraux, parce que comme les Gouverneurs avoient toûjours eu le droit & la poſſeſſion, c'eſtoit en effet reduire la qualité d'Amiral de France & de Bretagne, à un nom vain & inutile, d'autant plus que l'Arreſt ajoûtoit-t-il (Suivant les Coûtumes, Uſances & Privileges) *qu'il conſervoit par ce moyen, & qu'il empeſchoit encore que l'Amiral de France ne perçut aucun nouveau droit, & que les Marchands fuſſent contraints de prendre ſes Congez ny permiſſion, l'Amiral de Joyeuſe eut aſſez de credit d'obtenir des Lettres de Juſſion contre cet Arreſt qui eſtoit ſi juſte, & quoy que le Parlement de Bretagne ne les ait enregiſtrées que du tres exprés Commandement du Roy, & n'a eſté encore qu'aux Charges contenus au Regiſtre, & en decernant auſſi Acte aux Gens des trois Eſtats de Bretagne de leur oppoſition.*

Ce qui s'eſt fait du temps de ce Miniſtre qui avoit tout credit, ne peut faire de conſequence les Souverains ſont quelquefois obligez de ſe décharger d'une partie du ſoin du Gouvernement ſur ceux de leurs Miniſtres, qui ont l'honneur de les approcher de plus prés. C'eſt à V. M. qu'a eſté reſervé & rare talent de pouvoir tout par elle-meſme, par la force d'un genie ſuperieur, & par une application continuelle & infatigable à tout ce qui peut maintenir les droits de ſa Couronne, aſſurer le repos & la tranquillité publique, encore plus grands par les effets admirables de cette penetration qui regle le preſent, & prevoit l'avenir, que par l'éclat de ſa Couronne avant cet heureux Regne, il y a eu d'autrs temps plus éloignez dans leſquels l'Eſtat, le Public & les Particuliers n'ayant pas les meſmes avantages, des perſonnes d'une grande autorité, abuſant peut-eſtre de celle qui leur eſtoit confiée, ont ſceu profiter de la conjoncture favorable des temps.

Les Favoris des Princes ſont les images de la Grandeur des Rois, & les Miniſtres de leurs puiſſances, ils ont non ſeulement, dit, Polibe, la faveur, le nom & le cœur du Prince, mais ils poſſedent le Prince meſme, parce qu'ils ſont les premiers depoſitaires des ſecrets de l'Empire, ainſi ce qui s'eſt fait en faveur de l'Amiral de Joyeuſe, ne peut eſtre conſideré.

Les Commiſſaires Deputez on l'avantage que le Roy Henry III. l'a declaré, cette conteſtation entre l'Amiral de Joyeuſe & M. le Duc de Mercœur Gouverneur de Bretagne ſon Beaufrere, qui eſtoit joint aux Eſtats de Bretagne ayant fait grand éclat. Le Roy Henry III. ayant tâché de les concilier pour arreſter du moins pendant un certain temps la vivacité de M. l'Amiral de Joyeuſe, & ne point donner le déplaiſir à M. de Mercœur, que les droits & les Privileges de la Province, & la poſſeſſion des Gouverneurs receuſſent une ſi rude atteinte ſous ſon Gouvernement, leurs propoſa quelques art. en faveur de M. l'Amiral de Joyeuſe, mais qui ne devoient avoir aucun effet du vivant de M. de Mercœur, les Commiſſaires Deputez ſont obligez d'expliquer ce détail, dans lequel le Sieur Secretaire General de la Marine a affecté de ne point entrer, afin de donner plus de jour à la deciſion que le Roy en fit en 1588. aprés la mort de M. l'Amiral de Joyeuſe, parce qu'ayant eſté tué au Siege de Coutras en 1587. comme il n'y avoit que ſon credit extraordinaire, qui avoit excité tout l'orage, & que ſa mort avoit arreſté le déſordre. Le Roy donna ſa Declaration, qui decida la conteſtation, revoqua les Articles qui avoient eſté projettez en 1584. qui n'avoient point eſté executez, qui avoient fait tant de peine aux Eſtats de Bretagne & au Parlement de cette Province, & que le Roy marque nettement par ſes Lettres patentes n'avoir point eu lieu, comme eſtant en effet contraires aux Droits, Privileges & Immunitez de la Province, les termes de cette Declaration du 17. Aouſt 1588. enregiſtrez au Parlement de Bretagne le 26. du meſme mois, feront tranſcrits en cet endroit.

Diſons, Declarons, Voulons & Nous plaiſt, que les Art. accordez ſur le fait de l'Amirauté audit Pays, entre noſtre Beaufrere le Duc de Mercœur & feu auſſi noſtre tres-cher & tres-amé Beaufrere le Duc de Joyeuſe Amiral de France, ſoient éteints, caſſez & abolis comme choſe n'ayant eu lieu ; enſemble nos Declarations ou leurs confirmatives ſur iceux Art. par Nous verifiez, pour demeurer les choſes ainſi qu'elles eſtoient auparavant, en joüir noſtredit Beaufrere le Duc de Mercœur de ſon Gouvernement avec les droits d'Amirauté, tout ainſi & en la meſme forme & maniere qu'ont fait nos tres-chers & tres-amez Couſins le Duc Deſtampes & Sieur de Martigues, & depuis noſtre tres-cher & tres-amé oncle le Duc de Montpenſier, auſſi Gouverneurs & nos Licutenans Generaux audit Pays, ſans que l'Amiral de France & ſes Succeſſeurs audit Eſtat puiſſent en aucune façon & maniere que ce ſoit ſe prevaloir deſdits Art. & deſdites Declarations ſur iceux ou autrement, leſquels Nous avons comme dit eſt, éteints & abolis, remis & remettons les choſes en l'eſtat qu'elles eſtoient du vivant & joüiſſoient feüs noſdits Couſins Ducs Deſtampes Sieur de Martigues, & depuis noſtredit Oncle.

Aux termes de cette Declaration, il eſt certain que tous les droits d'Amirauté demeurent attachez à la Charge de Gouverneur de Bretagne ; & ce qu'il y a de plus important pour donner encore plus d'autorité à ce titre, & pour faire éclater en meſme temps la juſtice de nos Roys, eſt que cette Declaration qui eſt en faveur de M. de Mercœur, a eſté donnée dans un temps auquel le Roy Henry III. avoit plus de ſujet d'indignation contre ce Sujet à cauſe de l'étroite liaiſon en laquelle il eſtoit entré avec le Duc de Guiſe ; c'eſt à dire, dans un temps ſi peu favorable pour la Bretagne, & auquel les Chefs de la Ligue déchiroient l'Eſtat. C'eſt cependant dans ce meſme temps que Sa Majeſté plus animée de cet eſprit de juſtice qui fait regner les Roys, que d'un reſſentiment quelque juſte qu'il pût eſtre contre un Sujet dont le premier devoir eſt de luy eſtre abſolument ſoumis, donne ſa Declaration en faveur du Gouverneur. Cette conjonĉture du temps, fait donc éclater la juſtice de nos Roys ; c'eſt ce qui fait voir en meſme temps, qu'il faut que le droit de Gouverneur fut bien ſolide & bien étably, puis qu'il eſt confirmé dans un temps où il n'auroit merité aucune faveur.

X X X.

X X X.   *X X X.*

On a suffisamment répondu à
la Declaration de 1609. en répon-
dant à la troisiéme Epoque qui
est au commencement de ce Memoire.

*Le quatriéme titre qui confirme
encore nettememt le droit & la
possession des Gouverneurs de Bretagne dans l'Amirauté de cette Province, est la Declaration de 1609.*

*Quoy que le droit & la possession
des Gouverneurs eut esté rétably par Lettres Patentes de 1588. enregistrées
au Parlement de Bretagne, Charles de Montmorancy Duc de Damville
fils d'Anne Connestable, avoit fait glisser dans ses Lettres de Provisions
de la Charge d'Amiral de France, la qualité d'Amiral de France & de
Bretagne conjointement, à l'exemple de celles du 24. Juin 1682. que l'Amiral de Joyeuse avoit eu le credit d'obtenir, & dans lesquelles il s'estoit
fait donner les mesmes qualitez d'Amiral de France & de Bretagne. Il
avoit sous ce pretexte renouvellé quelques mouvemens qui ont depuis esté
plus animez contre le droit des Gouverneurs.*

*Monsieur de Mercœur Gouverneur de Bretagne estoit dans la disgrace
malheureusement engagé dans les affaires de la Ligue. L'Amiral de Damville profitant de cette conjonEture se pretendoit prevaloir de quelques
Declarations de 1596. dont le Sieur Secretaire General de la Marine a
parlé.*

*Monsieur de Vendosme à qui le Gouvernemeut de Bretagne avoit esté
accordé dans un temps auquel il estoit encore enfant, pour en joüir ainsi
que ses Predecesseurs au Gouvernement en avoient joüy & usez, n'estoit
pas encore en estat de défendre ses interests. Le Roy Henry IV. voulant
par une Declaration des droits de ce jeune Gouverneur prevenir les
contestations, donna sa Declaration le 6. Aoust 1609. publiée & enregistrée
au Parlement de Bretagne &) en la Chambre des Comptes, par laquelle
il explique nettement ses intentions & declare le droit &) la possession
des Gouverneurs de Bretagne. Il n'y a pas un terme dans cette Declaration qui ne détruise tous les moyens des Amiraux de France, & cette
Declaration authentique auroit mesme dérogé à tout ce qui auroit precedé,
s'il y avoit eu quelque titre contraire ; en sorte que pour donner atteinte
au titre declaratif & confirmatif, il faudroit une Declaration contraire
aussi authentique pour oster le droit acquis, ou plûtost conservé aux Gouverneurs ; par ce quatriéme titre les termes en sont entierement decisifs.*

Nous avons à nostredit fils le Duc de Vendosme, confirmé &
confirmons tous les droits d'Amirauté à luy deus en l'étenduë des
Costes, Havres & Ports dudit Gouvernement, à cause de sadite
Charge de Gouverneur & nostre Lieutenant General audit Pays,
pour en joüir en la mesme forme & maniere que ses Predecesseurs
en ladite Charge en ont toûjours bien & dûëment joüy, & qu'il
en doit joüir à present. Faisant défenses à tous nos Officiers établis

V

eſdites Coſtes , Havres & Ports , de reconnoiſtre en tous leſdits droits.

X X X I.

Voilà une maniere bien abregée, de prouver que les Predeceſſeurs de M. de Vendoſme ont joüy de tous les droits d'Amirauté en Bretagne; mais en verité elle eſt auſſi bien ſurprenante ; perſonne n'ignore la force & la ſignification de ces termes *pour joüir en la meſme forme & maniere que ſes Predeceſſeurs en ladite Charge ont toûjours bien & düement joüy ;* c'eſt une clauſe qui eſt purement de ſtyle, & jamais perſonne ne s'eſt aviſé de prendre ces ſortes de clauſes pour les deciſions d'un fait conteſté, en effet celle que l'on rapporte icy n'a jamais eſté miſe pour decider que les Predeceſſeurs de M. de Vendoſme avoient joüy des droits d'Amirauté dans leur Goûvernement ; cela n'eſtoit pas en queſtion , ainſi cela ne pouvoit eſtre decidé ; elle n'y a donc eſté miſe , que pour declarer que le Roy confirme & maintient M. le Duc de Vendoſme à cet égard dans les meſmes droits , dont ont joüy ſes Predeceſſeurs. Il en faut donc toûjours revenir aux Predeceſſeurs avant que de tirer aucun avantage de cette clauſe. Il faut voir s'ils ont joüy & s'ils ont dû joüir ; c'eſt en cela que conſiſte toute la queſtion, & c'eſt ce que Mrs les Commiſſaires Deputez ne cherchent qu'à éviter.

X X X I.

Ainſi voilà les droits d'Amirauté de Bretagne confirmez en la perſonne des Gouverneurs de cette Province. Voilà la preuve que les Predeceſſeurs de M. de Vendoſme en avoient toûjours joüy & qu'ils en devoient joüir, les mots (& qu'il en doit joüir) le font voir nettement. C'eſt à l'occaſion des nouveaux troubles , faits depuis par M. l'Amiral de Damville pour donner atteinte aux droits & à la poſſeſſion des Gouverneurs de Bretagne , nonobſtant cette Declaratiou & excitez par M. de Vendoſme luy-meſme depuis qu'il ne fut plus Gouverneur, & qu'il devint Amiral , que ſt intervenu l'Arreſt de 1655. rendu par V. M. en conformité de cette Declaration.

Le cinquiéme titre qui autoriſe le droit & la poſſeſſion des Gouverneurs de Bretagne dans les droits d'Amirauté de la Province , eſt un Arreſt du Conſeil de V. M. & une Declaration donnée en conſequence par le Roy Louis X I I I. du 29. Juillet 1626.

En voicy le ſujet. M. le Duc de Vendoſme ayant donné ſa demiſſion du Gouvernement de Bretagne , M. le Mareſchal de Themincs en fut pourveu. Ayant envoyé ſes Lettres au Parlement de Bretagne pour eſtre enregiſtrées, les Deputez des Eſtats preſenterent au Roy qui eſtoit lors à Nantes , une Requeſte tres reſpectueuſe. Ils expoſerent que la

Province n'avoit jamais reconnu d'autre Amiral que Sa Majeſté qui en avoit toûjours fait faire les fonctions Militaires par les Gouverneurs ,

₡) les fonctions Civiles pour les Juges Royaux de la Province. La Charge d'Amiral de France paroissoit supprimée ; M. le Cardinal de Richelieu en faisoit les fonctions sous le titre de Grand Maistre Chef Sur-Intendant General des Mers , de la Navigation ⅋ Commerce de France , pour prevenir toutes les contestations qui pourroient survenir , ₡) qui n'ont pas laissé d'estre formées dans la suite. Le défunt Roy accorda aux Estats de Bretagne son Arrest du 29. Juillet 1626. ⅋ ses Lettres Patentes données en consequence , par lesquelles ayant égard a la remontrance des Estats de Bretagne , il a declaré (n'entendre que la clause de sup-
pression d'Amirauté apposée aux Lettres d'établissement du Ma-
reschal de Themines au Gouvernement de Bretagne, puisse apporter
aucun préjudice à la Province de Bretagne en ce qui concerne la
fonction, jurisdiction, droits, profits & revenus de l'Amirauté dudit
Pays , lesquels demeureront en l'estat qu'ils estoient auparavant.)
Ce sont les termes de l'Arrest ⅋ de la Declaration du Roy , qui établissent deux choses importantes. La premiere , que les Estats ont toûjours veillé à la conservation de leurs Privileges independamment de l'interest que les Gouvernenrs y pouvoient avoir. La seconde , que ces Gouverneurs de Bretagne ont toûjours esté en possession de faire dans l'étenduë de la Province toutes les fonctions d'Amirauté. Cet Arrest ⅋ cette Declaration du Roy font mesme d'autant plus de consequence que M. le Cardinal de Richelieu estant lors premier Ministre en Chef du Conseil , avoit un interest particulier dans cette affaire , opposé à ceux de la Province , à cause de la nouvelle Charge de Sur-Intendant General des Mers dont il estoit pourveu.

<table>
<tr><td>

XXXII.

Ce que l'on vient de dire sur les Provisions de M. de Ven-
dosme , sert de reponse à cet Article.

</td><td>

XXXII.

Le sixiéme titre des Gouverneurs de Bretagne , pour les fonctions ₡) droits d'Amirauté de cette Province, est fondé sur les trois dernieres Provisions des Amiraux de France ;

</td></tr>
</table>

c'est mesme le dernier estat de cette Charge dans celles de M. le Duc de Vendosme de 1650. de M. le Comte de Vermandois de 1669. de M. le Comte de Toulouse de 1683. Non seulement l'on n'y a plus employé la clause d'Amiral de Bretagne , mais encore l'on en a expressement exclus la Province de Bretagne. Ce qui produit un titre d'exclusion formelle du droit ₡) de la pretention des Amiraux , ⅋ confirme en mesme temps le droit ₡) la possession des Gouverneurs de Bretagne.

Ces observations sur les Provisions des Amiraux de France seront plus particulierement relevez dans la discution du troisiéme pretendu Titre des Amiraux de France.

XXXIII.

On a déja répondu, que lors que S. M. a rendu les Ordonnances que l'on cite icy, ç'a esté par rapport à l'estat provisionnel où estoit cette affaire depuis l'Arrest de 1655. qui n'a pû oster à S. M. le pouvoir de decider la question toutes les fois qu'Elle le jugera à propos.

X X X I I I.

Le premier Titre des Gouverneurs est d'autant plus solemnel & authentique, qu'il est fondé sur les Ordonnances mesme de V. M. parce qu'ayant fait des Reglemens qu'Elle a jugé necessaires sur l'Amirauté & sur la Marine, par son Ordonnance generale du mois d'Aoust 1681. enregistrée en son Parlement de Paris, Elle en a fait une particuliere pour la Province de Bretagne en Novembre 1684. à Fontainebleau enregistrée au Parlement de Bretagne estant lors à Vannes le 18. Janvier 1685. Par cette Ordonnance particuliere, Elle a disposé par le premier Art. que (Le Gouverneur de nostre Province de Bretagne joüira en ladite qualité des droits & pouvoirs d'Amirauté ainsi qu'il en a joüy ou deü joüir en ladite Province) cette Ordonnance confirme donc nettement le droit & la possession des Gouverneurs de Bretagne dans les fonctions d'Amirauté de cette Province.

Par le dernier Art. de cette Ordonnance, V. M. a disposé qu'Elle vouloit, qu'elle fut gardée & observée dans la Province de Bretagne, Ports, Costes & Rades en dépendans, mesme avec abrogation de tout ce qui pourroit estre contraire aux dispositions y contenuës. Ainsi quand il y auroit quelque chose de contraire dans ce qui precede cette Ordonnance, ce qui ne se trouve pas (il est certain) que tout ce qu'on dit ne pourroit avoir d'autorité aprés cette Declaration aussi expresse des intentions de V. M. qui a illustré la Marine en France, & l'a porté au plus haut point de gloire qu'elle ait jamais esté.

Le huitiéme Titre des Gouverneurs, & l'un des plus importans, est leur possession paissible & continuë des droits & fonctions d'Amirauté en Bretagne depuis 1532. temps de l'union de cette Province, non seulement avant l'Amiral de Joyeuse en 1582. qui a le premier excité le trouble, mais encore depuis, & l'on peut dire dans tous les temps, c'est ce qui fera la matiere du troisiéme point.

XXXIV.

Toutes ces preuves au contraire sont propres à donner une tres-juste défiance des pretenduës preuves des Gouverneurs. On ne prouve point des Titres, on ne les demontre point à force de rai-

X X X I V.

L'on doit conclure aprés toutes ses preuves que les Gouverneurs de Bretagne son fondez en titres legitimes pour se maintenir dans les droits d'Amirauté de la Province.

Les Auteurs les plus approuvez,
mesme

fonnemens ; il n'y a qu'à les montrer & à les faire lire aux hommes pour les convaincre. Ils doivent fraper par leur précifion &
par leurs termes; & lors qu'un Titre a befoin de difcours, pour
montrer qu'il prouve ou qu'il decide quelque chofe, c'eft une
mauvaife marque.

On peut avoir pour Chopin,
toute l'eftime que merite fon habileté, fans croire pour cela, que
quatre lignes qu'il a jugé à propos de mettre dans fon Livre au
hazard & fans eftre bien informé de la verité de ce qu'il difoit,
doivent fervir de decifion dans
une affaire, qui ne doit eftre decidée que par des faits & par des
Titres.

Toute l'erudition que l'on rapporte fur l'ethymologie du mot
d'Amiral, ne peut faire aucun
tort aux droits de la Charge ;
on ne l'a combattra pas. Il ne
feroit pas difficile de faire un pareil Receüil fur toutes les autres
Charges de la Couronne & de
faire voir, en les comparant les
unes aux autres, que celle d'A-
miral eft peut-eftre la plus ancienne & la plus illuftrée de toutes. On peut montrer, par exemple, qu'il n'y a pas trois cens ans
que l'on donnoit en France le
nom de Conneftable à de petits
Officiers qui fervoient à la Table
dans les Maifons des Princes.

*mefme ceux qui ont foûtenu avec
plus de zele les droits des Offices
de la Couronne, & encore particulierement de la Charge d'Amiral de
France n'ont pas fait de difficulté,
convaincus de l'ufage publié, & de
la poffeffion des Droits d'Amirauté
pour les Gouverneurs de Bretagne
de refoudre la queftion en leur faveur.*

*Choppin qui a fait un Traité du
Domaine de la Couronne par l'Ordre
du Roy Henry III. & qui en fçavoit parfaitement tous les droits,
qu'il a mefme fouvent fait valoir
avec un peu trop de prevention, a
rendu ce témoignage que nos Rois
non feulement n'avoient voulu rien
innover depuis l'union de la Bretagne à la Couronne dans l'Eftat &
dans la forme du Gouvernement
principalement au fujet de l'Amirauté, mais encore qu'il en avoit
precifément conferé le pouvoir aux
Gouverneurs de Bretagne. Ce Do-
cteur eftoit originaire de la Province d'Anjou voifine de celle de Bretagne, il a écrit peu de temps aprés
fon union. & avoit connoiffance particuliere de l'eftat des chofes.* La
Provence ayant depuis efté unie
avec la Bretagne, le Roy ne
voulut rien changer pour ce qui
concernoit l'établiffement des
Amiraux de cette Province, &
vouloit que le Gouverneur de
Bretagne fut Amiral de Bretagne pour avoir à part & fevare-
ment l'Intendance & Comman-
dement fur la Mer (*ce font les termes de la traduction de cet Auteur.*)

Provincialibus amoricis, *ce font les termes de l'Original*, Lib. 1. de
Dom. Fran. tit. 15. n. 12. 13. Inditionem redactis Galliæ regiæ Prin-
ceps nil innovandum ratus decrevit Celticæ Britanniæ prætorem
cum maris præfectura.

Peut-eftre que s'il eftoit neceffaire de penetrer dans l'Antiquité, pour

découvrir l'origine (&) l'etimologie du mot d'Amiral, il y auroit beaucoup
de fondement à croire par rapport à la qualité (&) aux fonctions des
Gouverneurs ou de ceux qui avoient l'administration des Provinces, que
les fonctions (&) les droits qui ont depuis esté appellez d'Amirauté pouvoient leur appartenir de Droit commun, du moins quand il n'y a point
de Titre contraire.

L'un de plus anciens vestiges de la denomination de la qualité & des
fonctions d'Amiral, c'est dans l'Histoire de saint Loüis, composée par le
Sire de Joinville dans les endroits qui regardent les expeditions Militaires de la Terre Sainte, dont la Conqueste avoit esté entreprise par ce
saint Roy, parce qu'auparavant le nom d'Amiral estoit encore inconnu
en France, nos Rois mesme dans ces Voyages d'outre-Mer furent obligez
de se servir des Vaisseaux Gennois, Pisans & Venitiens ; nos meilleurs
Auteurs en conviennent, & que le nom d'Amiral vient d'un mot Arabe,
Amir ou Emir.

C'est ce qui peut aisement persuader, que les fonctions en appartenoient de droit commun aux Gouverneurs des Provinces Maritimes,
parce que c'est une observation curieuse, que chez les Arabes & les Sa-
razins qui nous ont transmis le nom d'Amiraux (&) nous en ont appris
à nos dépens les principalles fonctions dans cette expedition qui a tant
cousté à la France. Les Gouverneurs de leurs Provinces estoient appelez
Amirei, ce que Sigebert a observé en sa Chronique & que Mahomet
avoit étably quatre Gouverneurs appelez Amirei. *In Regno Sarace- ⟶ *Sigebert in
norum quatuor Prætores statuit qui Amirei vocabantur, ipse verò   Chro. 630.
Amiras dicebatur.

Le sçavant du Cange n'a point encore oublié cette conjecture dans ses
Dissertations sur l'Histoire de S. Louis cinquiéme Amiral, c'est-à-dire,
ainsi que le Sire de Joinville explique ce mot, Capitaine ou Gouverneur
de Province & de Place, Chef d'Armée ou de Troupes ; mais pour se
renfermer à ce qui regarde la Province de Bretagne en particulier, l'on
trouve dans l'Antiquité, qu'il y a pour la Bretagne des vestiges d'A-
mirauté peut-estre plus anciens qu'en France, non pas sous le Titre ou
Denomination d'Amiral, dont le nom estoit encore inconnu, mais par
ses fonctions ; parce que l'on remarque dans plusieurs Auteurs sur ce
qu'en a le premier écrit Eginard Auteur de la vie de l'Empereur Charle- ⟶ Chop. de
magne, dont il estoit Secretaire ; que Rotland, que d'autres appellent   Dom. lib. 1.
Rutlard, estoit Amiral de Bretagne, avoit l'Intendance des Mers &   tit. 15. n. 11.
les droits qu'on a depuis appellez droits d'Amirauté en Bretagne Bri-   Pasquier liv.
tannici Littoris Præfectus. Sur quoy le sçavant *Seldenus observe, que   2. de ses re-
ce n'estoit pas Præfectus Maris Britanniæ, c'est-à-dire Amiral de Bre-   cherches. c.
tagne, mais seulement Præfectus Littoris Britannici, c'est-à-dire du   14.
Rivage (&) du Territoire de la Bretagne qui estoit au bord de la Mer.   *Seldenus
Sur quoy l'on pouvoit faire cette remarque, que dés ce temps-là, les   lib. 1. c. 18.
droits que l'on a depuis appelez d'Amirauté, appartenoient des-lors &   p. 141. & l.
dés ce temps-là aux Gouverneurs de Bretagne. Quoy qu'il en soit, si   2. c. 18. p. 390.

l'on ne peut s'arrester avec seureté à ces Origines, qui sont peut-estre plus de curiosité que de decision à ses conjectures, qui peuvent cependant avoir leur fondement; l'on doit déferer au témoignage de Chopin comme estant le plus instruit des droits de l'Office de l'Amiral de France & de l'étenduë de ses pouvoirs dans la Province de Bretagne.

XXXV.

On n'a aucun dessein de cacher l'endroit d'où l'on a tiré le passage de M. le Bret, & l'on n'avoit aucun interest de le faire. Il est vray qu'il prend pour fondement de sa decision, que par le moyen de l'union de la Bretagne, les Offices Ducaux avoient esté incorporez aux Offices de la Couronne, & le Secretaire General de la Marine se fait honneur d'avoir pour luy l'avis d'un si grand Personnage; & pour ce qui est des Lettres Patentes de 1544. que M^{rs} les Commissaires Deputez traittent icy *d'un estre de raison.* On leur fera voir dans peu, que cet *estre de raison* est fort réel, & que M. le Bret ny le Secretaire General de la Marine n'ont pas eû tort de citer ces Lettres sur la foy de ceux qui les avoient imprimées, quoy que sans en marquer la datte ny le jour de leur enregistrement.

A l'égard de Loyseau, il a eu raison dans le droit, parce qu'il suivoit des principes, que tout habile homme comme luy, ne peut ny ne doit jamais ignorer dans une matiere dont il écrit; mais il s'est trompé dans le fait, & il n'y a personne, à qui cela ne puisse arriver, parce que l'on ne peut pas suppléer ny deviner les faits que l'on ignore; l'habi-

XXXV.

Le Sieur Secretaire General de la Marine a allegué le témoignage du Sieur le Bret Avocat General du Parlement de Paris, qui a estimé que par l'union de la Bretagne, les Charges estoient devenus Royales ou unies aux Royales, & que celle d'Amiral avoit esté reunis à celle de France, l'on a eu ses raisons pour n'en pas remarquer l'endroit, parce qu'on y auroit reconnu deux erreurs manifestes, l'une qui presuppose la reünion des Offices de Bretagne à celles de France, ce qui est directement contraire au Traité de Mariage d'Anne de Bretagne & de Loüis XII. l'autre que le Sieur de Bret applique luy-mesme le fondement de sa conjecture, suivant, dit-il, les Lettres patentes de 1554. le Sieur Secretaire General de la Marine n'en allegue pas luy-mesme, ainsi cet Officier peu exact a voulu dire 1544. au lieu de 1554. son fondement n'est pas moins erronné, parce que ces Lettres font, estre de raison n'y en ayant jamais eu de cette qualité, ny en 1554. qui est la datte du Sieur le Bret, ny en 1544.

Le Sieur Secretaire General de la Marine s'est encore servy du témoignage de Loiseau, qu'il a dit estre l'un de ceux qui a écrit avec plus d'approbation & estre plus habile dans les droits de la Couronne, ce sont les termes. Mais quoy que cet Auteur ait esté prevenu, que le

Est lib. 2. de la Souveraineté. chap. 19.

Pag. 30.

Icté & le raisonnement sont inutiles pour cela.

A l'égard du Président Fauchet, il n'estoit pas necessaire qu'il se mit en peine d'apprendre au public, que les Gouverneurs de Bretagne avoient pretendu les droits d'Amirauté. Ce n'est pas là ce qui est difficile à prouver; mais il s'agit de prouver qu'ils ont eû raison de les pretendre.

titre d'Amiral de France luy donnoit la qualité d'Officier de la Couronne ; non seulement c'est le seul des Auteurs qui l'ait dit, mais encore il n'a pû s'empescher de reconnoistre que l'Amiral de France n'avoit point de pouvoir en Bretagne, & que lors que cette Province a esté unie à la Couronne, ce sont les termes, l'on y a trouvé des Amiraux en titre d'Office qu'on a laissé; & qu'il y avoit un Amiral separé en Bretagne, qui avoit mesme puissance que les Amiraux. Cet Amiral en Bretagne est le Gouverneur, à qui les droits d'Amirauté ont passé.

Le Sieur Fauchet Président de la Cour des Monnoyes n'a pas aussi Pag. 79. *oublié d'observer, que le Gouverneur de Bretagne pretendoit avoir tout droit d'Amirauté comme l'avoit le Duc de Bretagne avant l'union de cette Province à la Couronne.*

SECOND POINT.

Les Amiraux de France n'ont point de titre pour la Bretagne. Les titres qui devroient fonder leur droit sur l'Amirauté de cette Province le détruisent & resistent au titre mesme de leur pretention.

L'on peut rapporter les principaux titres que le Sieur Secretaire General de la Marine a pretendu faire valoir pour soutenir les droits des Amiraux de France, à trois principaux.

Le premier est la qualité & les prerogatives de la Charge de l'Amiral de France, prétendu mesme de tout temps Office de la Couronne.

Le second, les Lettres Patentes de 1544. en faveur de l'Amiral Dannebaut.

Le Troisiéme, l'enregistrement des Provisions des Amiraux de France au Parlement de Bretagne, employé dans quelqu'unes.

Les autres pretendus titres alleguez par le Sieur Secretaire General de la Marine ne meritent pas grandes reflexions. Les Commissaires Deputez ne laisseront pas d'y faire quelques observations.

Le premier & principal titre des Amiraux de France, & l'on peut dire le seul, est la qualité que le Sieur Secretaire General de la Marine luy donne d'Office de la Couronne titré de France.

C'est sur ce mesme fondement qu'il s'est élevé par sa Requeste, & qu'il a prétendu que la pretention des Gouverneurs de Bretagne, qui est un droit formé & confirmé par une possession incontestable, estoit contraire à toutes les Loix du Royaume & aux droits de la Couronne, parce qu'elle blessoit les droits d'une Charge de la Couronne, qui n'ont besoin d'autres titres que de la Couronne mesme. Ce sont ces termes; c'est

le

le sujet des principes qu'il a tant fait valoir, que les droits & les fonctions des Charges de la Couronne s'étendoient par tout le Royaume, ausquels par cette raison l'on a ajoûté le titre de France, suivant l'exemple des Chancelier & Connestable de France ; que l'Office de la Couronne appartient à la Couronne comme en propre Domaine ; que les droits domaniaux une fois unis à la Couronne, n'en pouvoient estre demembrez par aucun titre ny par quelque possession que ce soit ; suivant la maxime ordinaire que le Domaine estoit inalienable & imprescriptible ; que l'union de la Bretagne à la Couronne avoit incorporé cette Province au Domaine de la Couronne qui n'en pouvoit plus estre separée ; qu'elle avoit acquis à la Charge d'Amiral, comme Office de la Couronne titré de France, les droits d'Amirauté en Bretagne, qui n'avoient pû par quelque titre que ce fut, ny par aucune possession appartenir aux Gouverneurs.

XXXVI.

Le Secretaire General de la Marine n'auroit pas entrepris de soutenir seul, une cause douteuse contre M^{rs} les Commissaires Deputez, il connoist trop leur eloquence & leur habileté, pour croire, qu'ils luy laissent aucun autre moyen de se défendre, que par la bonté de sa cause, & par la verité qui est toûjours assez forte par elle-mesme sans art & sans ornement. Pour ceux qui ont esté choisis par une si juste préference, pour soutenir une affaire, où les Gouverneurs de Bretagne se sont efforcez jusqu'à present de persuader à la Bretagne, que ses Privileges étoient interessez; ils combattent comme ces Generaux, qui, ayant la conduite des Armées de leurs Païs, sont obligez de les employer suivant les Ordres qu'ils en ont receus, sans qu'il leur soit permis d'en examiner les motifs, & qui ne laissent pas d'acquerir beaucoup de gloire & de reputation en soutenant une Guerre qui peut bien estre

XXVI.

Voilà le grand fort du Sieur Secretaire General de la Marine ; c'estoient les mesmes principes & les mesmes propositions qui estoient alleguez lors de l'Arrest de 1655. & dont V. M. a condamné par son Arrest les consequences & l'application à l'Amirauté de Bretagne. Il faut faire voir les justes motifs de cette decision.

Tous ces principes ont pour fondement unique la proposition que l'Office d'Amiral de France est un Office de la Couronne titré de France; il faut examiner cette proposition & en faire mesme voir ensuite le peu d'obligation.

Cette proposition du Sieur Secretaire General de la Marine dans laquelle il renferme en effet le moyen capital de sa pretention, engagera les Commissaires Deputez comme ils ont dit dés l'entrée, plus avant qu'ils n'auroient souhaittez, parce que le seul titre de la Pretention des Amiraux pour étendre leurs droits en Bretagne, estant fondé sur l'union de cette Province à la Cou-

injuſte, mais qui ne peut jamais empeſcher, que leur merite ne ſoit eſtimé, & meſme reſpecté par ceux du party contraire.

ronne, ſur la qualité que donne le Sieur Secretaire General de la Marine de cet Office comme Charge de la Couronne titré de France.

Les Commiſſaires Deputez des Eſtats ne peuvent ſe diſpenſer d'entrer dans la queſtion concernant le caractere eſſentiel de l'Office d'Amiral de France qu'ils n'avoient pas d'abord crû neceſſaires.

Ils avoient eſtimez que ſans s'engager dans un point auſſi delicat, l'on pourroit agiter la conteſtation ſur les Privileges de la Province, ſur la poſſeſſion des Gouverneurs, & ſur les préjugez, mais puiſque le Sieur Secretaire General de la Marine, convaincu qu'il n'avoit que cette couleur des droits de la Couronne à oppoſer au droit & à la poſſſſion des Gouverneurs, & aux Privileges de la Province de Bretagne pour donner quelque pretexte à la pretention des Amiraux de France, les Commiſſaires Deputez ne peuvent ſe diſpenſer d'y entrer, ils le feront cependant avec tant de circonſpection que quoy que leur miniſtere les engage neceſſairement de l'examiner, ils rendront toûjours au titre meſme de la Charge d'Amiral de France, la Juſtice qui luy eſt deû, ils ont meſme cet avantage qu'eſtant obligez de répondre au caractere eſſentiel, & à la qualité que le Sieur Secretaire General de la Marine a voulu donner à cet Office, ils feront voir que cette queſtion n'eſt pas neceſſaire pour la deciſion, & que le Droit & la poſſeſſion des Gouverneurs de Bretagne ne peut recevoir d'atteinte.

Mais puiſque le Sieur Secretaire General de la Marine les engage d'y entrer, ils en toucheront les principaux art. ils auroient pour cela beſoin de la delicateſſe de la plume du Sieur Secretaire General de la Marine, pour en toucher d'une main ſçavante, & circonſpecte, & par un ſtile auſſi epuré les principaux endroits, pour parler avec grande circonſpection de l'autorité de l'Office d'Amiral de France, de l'eminance & des hautes prerogatives de cette Charge, ils font auſſi ſur cet article la meſme Declaration dont le Sieur Secretaire General de la Marine, leur a tracé le modele, qu'ils ayment mieux obmettre quelque choſe de ce qui pourroit ſervir à la défenſe des Gouverneurs, aſſurez que la penetration de V. M. ſçaura ſuppleer dans ce qui regarde l'ordre public de ſon Royaume, à leur retenuë, que de méler des idées peut-eſtre trop hardies ou trop confuſes dans une matiere auſſi elevée ſi fort au deſſus d'eux, & dont on ne doit parler qu'avec grande retenuë.

Ce qui doit encore augmenter leur reſerve ſur ce qu'ils auroient à repreſenter au ſujet de l'Office d'Amiral de France, dont ils ont un intereſt indiſpenſable pour leur défenſe de combattre l'étenduë & les droits dans la Province de Bretagne, eſt qu'ils en voyent l'éclat infiniment relevé en la perſonne de l'aimable Prince qui en eſt revetu, qui eſtant le Gouverneur de leur Province, & joignant encore à ces grands avantages d'autres caracteres de grandeur & de merite particuliers qui ſont encore

superieure à ces hauts titres d'honneur à quelque titre de gloire, qu'on les puiſſe faire monter, leur imprime plus de reſpect.

Penetrez de ces ſentimens, s'ils ſont obligez par les ordres de V. M. par la loy de leur deputation, & par la neceſſité de leur miniſtere de parler contre les droits & contre l'étenduë de l'Office d'Amiral de France dans la Province de Bretagne, ils ont du moins cette ſatisfaction que la neceſſité d'établir les droits &) la poſſeſſion du Gouverneur de leur Province, les y engage, &) qu'en voyant le titre ſur la teſte du Prince qui fait leurs delices &) l'objet de leur reſpect & de leur admiration, ils ont l'avantage de défendre ſa cauſe en qualité de Gouverneur, ne pouvant ſe diſpenſer de la combatre en qualité d'Amiral de France, heureux que leur devoir les oblige de preferer la cauſe de leur Gouverneur à celle de l'Amiral de France, puis qu'il n'a point d'autorité en Bretagne, dont ils reverent ſeulement le titre, &) en reconnoiſſent la grandeur &) l'élevation ſans eſtre ſoûmis à ſa Juriſdiction dans l'étenduë de leur Province.

Ne pouvant donc ſe diſpenſer en établiſſant les Privileges de leur Province dont ils ſont deputez les droits & la poſſeſſion des Gouverneurs de Bretagne, de s'oppoſer à l'étenduë du pouvoir & des droits de l'Amiral de France en leur Province, dans cette neceſſité à laquelle on les reduit, ils feront voir.

1°. Que la pretention du Sieur Secretaire General de la Marine, que la Charge d'Amiral eſt un Office de la Couronne, n'a pas en effet de fondement que cette Charge eſt au contraire eſſentiellement differente des autres grands Offices de la Couronne, que l'exemple des Offices de Conneſtable & de Chancelier, ne peut y eſtre appliqué.

2°. Que la pretention que la Charge d'Amiral eſt un Office de la Couronne n'auroit pas meſme d'application ny ſon effet à la Province de Bretagne, par ſes Privileges particuliers que la loy & la condition de l'union de la Bretagne à la Couronne, forme une exception particuliere en faveur de cette Province diſtingué des autres reünions, & empeſche par le titre meſme & les conditions de cette incorporation que l'Amiral de France, quand ce ſeroit un Office de la Couronne put étendre ſon autorité, ſes pouvoirs d'Amiral, & les droits d'Amirauté dans la Province de Bretagne.

3°. Que cette exception pour la Province de Bretagne a eſté confirmée par la volonté de nos Roys, qui en ont fait leur Declaration expreſſe en 1588. en 1609. & en 1626. par les pouvoirs qu'ils ont donné aux Gouverneurs ſucceſſivement par une excluſion meſme formelle de la Bretagne dans les dernieres Proviſions des Amiraux &) par la deciſion ſolemnelle de V. M. par ſon Arreſt de 1655.

4°. Que la poſſeſſion publique des droits &) fonctions d'Amirauté par les Gouverneurs de Bretagne, par l'aveu & l'autorité meſme de nos Roys, a encore confirmé l'execution de ce droit, ou ſi l'on veut de cette exception en faveur de cette Province, & expliqué la difficulté s'il y en peut avoir touchant la nature de l'Office d'Amiral de France.

5°. *Que les Auteurs mesmes Domaniaux, (t) qui ont le mieux connu la nature de la Charge d'Amiral pretendu Office de la Couronne, ont étably le droit, ou si l'on veut l'exception pour la Province de Bretagne en faveur des Gouverneurs pour les fonctions & droits d'Amirauté de cette Province.*

Quelqu'éminente que soit la Charge d'Amiral, elle n'a pas essentiellement le caractere d'Office de la Couronne, telle que celle de Connestable & de Chancelier de France. C'est la premiere réponse des Commissaires Deputez, ainsi l'union de la Bretagne à la Couronne, n'a pas produit l'union de l'Amirauté à la Charge d'Amiral de France, qui est le principal titre de M. l'Amiral, ainsi l'Office d'Amiral ne fait pas partie du Domaine de France, pour le rendre inalienable & imprescriptible & de la mesme qualité que les autres Domaines de la Couronne à l'effet que la possession, la Concession des Rois n'en puisse détacher aucuns des droits, ne puisse oster un fleuron de la Couronne, ce sont les principales propositions & les consequences du Sieur Secretaire General de la Marine, (t) le precis de ce qu'il a dit de plus fort.

<table>
<tr><td>

XXXVII.

On rapportera bien tost des Titres, pour prouver que la Charge d'Amiral de France est Office de la Couronne; ils sont si authentiques, qu'il y a lieu de croire, que M^{rs} les Commissaires Deputez en seront satisfaits, & si decisifs, qu'il ne sera pas besoin de raisonnemens ny de conjonctures pour les mettre dans leur jour; mais auparavant il est necessaire de repondre à ce qu'ils disent, qu'il n'y a aucun Auteur ancien & approuvé, qui ait donné ce titre à la Charge d'Amiral; mais que leur ont fait *le Feron, Godefroy, Favin, du Tillet, Loyseau, La Popeliniere, Bouchel, Pasquier, le Bret, Miraumont, & le P. Anselme,* qui disent tous precisement, que la Charge d'Amiral, est un Office de la Couronne. Oseroit-on ajouter que M^{rs} les Commissaires Deputez ne sçauroient peut-estre citer un seul Auteur, qui donne

</td><td>

XXXVII.

L'Amiral de France, n'a donc aucun titre pour en former un Office de la Couronne, il n'y en a aucune preuve, ny par le titre de son premier establissement ou de sa creation.

Ny dans son progrez par aucun titre ou Declaration qui l'ait declaré Office de la Couronne.

Ny par aucun monument public ou particulier.

Ny mesme par aucun témoignage d'Auteurs ancien (t) approuvé qui l'ait dit.

Il y a preuve au contraire que ce n'est point Office de la Couronne par son origine qui n'est pas assez ancien pour le determiner ou mesme le reputer Office de la Couronne.

Par la division de ses fonctions & la pluralité d'Amiraux en France en mesme-temps.

Par le deffaut de sceance aux hauts Sieges des Parlemens & voix deliberative dans les Cours Superieures.

Le

</td></tr>
</table>

cette qualité au Conneſtable &
au Chancelier de France , ſans
la donner auſſi à l'Amiral.

Le Titre de France ajoûté à la Charge d'Amiral , n'eſt pas ſuffiſant pour fonder la qualité d'Office de la Couronne.

L'exemple des Offices de Conneſtable , & de Chancelier ne feroit aucune conſequence pour la Charge d'Amiral de France.

C'eſt ce que les Commiſſaires Deputez ont à faire voir , pour établir cette premiere réponſe au grand titre du Sieur Secretaire General de la Marine.

Quoy que les François ayent eſté dans tous les temps employez dans les expeditions Militaires en Mer comme ſur Terre, que nos anciens Gaulois ſe ſoient rendus recommandables par leurs Navigations comme nous le témoignent les grandes conqueſtes qu'ils ont autrefois fait en Grece, après les Sieges du Temple de Delphes , & de leurs paſſages en la Natolie en la Gallogrece , & en d'autres Provinces éloignez ; que depuis & dés les temps de la premiere Race , l'on trouve quelques témoignages dans Claudian , des courſes & combats Maritimes des François , qui eſtoient encore appellez Gaulois , parce que cet Auteur congratule Stilicon des victoires que ce grand Capitaine avoit remporté contre eux ſur Mer, qu'il y en ait pour le meſme ſujet dans Nazaire en ſon Panegyrique de Conſtantin le Grand ; qu'il y ait d'autres veſtiges de meſme qualité dans l'Europe , & en d'autres Hiſtoriens. Il faut cependant l'avoüer que long-temps depuis l'établiſſement de la Monarchie , les François ne ſe ſont pas mis en peine de ſuivre les traces de leurs Anceſtres , qu'ils s'eſtoient fort peu ſouciez de faire de grandes Expeditions en Mer , ſi ce n'eſt dans les derniers Siecles.

XXXVIII.

Cette raiſon ſeroit excellente, ſi M^{rs} les Commiſſaires Deputez avoient pris la precaution de fixer l'âge que doit avoir une Charge , pour eſtre reputée Charge de la Couronne ; Car ſans cela le raiſonnement ne conclut pas.

Scire velim pretium titulis , quotus arroget annus.

On laiſſe donc toute l'erudition Hiſtorique qu'ils étalent icy, ſur l'origine & ſur l'établiſſement de la Charge d'Amiral, ſur laquelle il ne ſeroit peut-eſtre pas difficile de faire voir , qu'il n'y en

XXXVIII.

C'eſt par l'une de ces raiſons que la Charge d'Amiral de France n'eſt pas aſſez ancienne pour meriter le titre d'Office de la Couronne ; non ſeulement le nom d'Amiral , mais encore les fonctions & les pouvoirs de cette grande Charge , & tout ce qu'on appelle aujourd'huy Amirauté, ont eſté long-temps inconnus en France. Dans les premiere & ſeconde Races de nos Roys , & bien avant dans la troiſiéme , l'on ne trouve rien dans aucune Chronique depuis ces premiers temps ſi obſcurs pendant une ſi longue ſuite d'années & plus de quatre cens ans depuis

a aucune autre en France, dont l'origine soit plus ancienne & les fonctions plus considerables & plus importantes dés son commencement. M^rs les Commissaires Deputez en seront aisement convaincus, s'ils ont le loisir de faire sur la Charge de Connestable ou sur celle de Chancelier, les mesmes recherches qu'ils ont faites sur celle d'Amiral de France, & que l'on feroit icy sans peine, si cela ne nous menoit trop loin.

Charlemagne, qui puisse donner une origine ancienne au titre & à la Charge d'Amiral de France. Les courses des Normans, & la maniere funeste en laquelle ils desolerent toutes les Costes de France le justifient assez nettement. Il ne faut pas douter que pour empescher ces ravages & arrester le cours de leurs usurpations, l'on n'auroit pas manqué de leur opposer des forces Maritimes & des Commandans ou Amiraux experimentez dans les expeditions militaires; l'on trouve même que dans plusieurs occasions nos

Roys ayant esté obligez d'armer sur Mer, ils n'ont pû se dispenser d'avoir recours aux Flottes estrangeres & de se confier aux Estrangers. Les voyages d'outre-Mer entrepris lors de ces fameuses Croisades pour la conqueste de la Terre Sainte en font des preuves convainquantes. Ainsi puisque bien avant dans le treisiéme Siecle, qui est le neuviéme de la Monarchie, lors de cette fameuse conqueste du voyage de la Terre Sainte, la pieté de nos Roys les ayant engagez dans cette dangereuse Expedition qui a couté la vie au plus saint des Roys, ils furent obligez de se servir de Commandans Estrangers, mesme des Vaisseaux de Genne, Pise, & Venise.

Il est assez difficile de se persuader qu'un Office de la Couronne de France eut de si foibles commencemens, & que les premiers Offices de l'Estat devant leurs origines au commencement de la Monarchie, la Charge d'Amiral n'ayant esté formée que long-temps aprés, l'on puisse luy donner ce grand apanage de l'un des Fleurons de la Couronne de France, qui est le caractere que le Sieur Secretaire General de la Marine luy a attribué: C'est ce qui a fait dire à un sçavant Anglois de ce Siecle, qui est Seldenus dans son Traité intitulé, Mare clausum, que les François n'avoient pas ab antiquo tempore l'Empire de la Mer, parce qu'ils n'avoient pas anciennement un Amiral; Et pour se faire la mesme justice qu'on doit aux autres, il seroit peut-estre assez difficile de soûtenir la conjecture interessée pour la Nation, formée par le Sieur Godefroy, & par autres Chroniqueurs de France prevenus en nostre faveur, qui ont crû pouvoir trouver le nom & le titre d'Amiral en des temps plus reculez. Il a déja esté observé que s'il estoit permis d'aller rechercher dans les temps les plus éloignez les premieres sources des fonctions & des pouvoirs des Chefs & Commandans les Armées Navales, l'on en trouveroit peut estre des vestiges plus anciens pour la Bretagne que pour le reste du Royaume, puisque l'un des premiers qui a merité, non pas le nom & la qualité d'Amiral, dont l'origine n'est pas assez ancienne par cette découverte, mais le titre de Commandant General sur la Mer, est Rotland que *Eginard Secretaire de l'Empereur Charlemagne qualifie de Prefet de la Mer, ou plûtoft des Coftes de Bretagne* Præfectus Littoris Britanniæ.

Quoy qu'il en foit, le nom & le titre d'Amiral en France ont des commencemens beaucoup moins anciens.

Auffi le Sieur Pafquier Avocat General en la Chambre des Comptes, qui aimoit la verité, reconnoift que lors du deceds de S. Louis en 1270. & auparavant nous n'avions pas l'ufage d'Amiral en France. Il répond aux fondemens de ceux qui en vouloient rapporter l'origine à un temps plus ancien. Il fait voir que Eginard qui faifoit profeffion particuliere de la pureté du langage de fon temps, & qui fçavoit parfaitement les mœurs de fon Siecle, parlant de Rutland Prefet de la Cofte de Bretagne, n'auroit pas manqué de le qualifier Amiral. Pafquier en fes Recherches. l. 2. c. 4.

C'eft fur les mefmes fondemens que le Sieur Faucher Premier Prefident de la Cour des Monnoyes, en fon Livre des Origines des dignitez de France, l'a auffi remarqué au chap. 9. de l'Amiral, ce qui me fait croire, dit-il, que l'Office d'Amiral eft des derniers introduits en France.

Le Sieur de Miraumont Lieutenant General en la Prevofté de l'Hôtel, qui a fait un traité de l'origine & eftabliffement des Jurifdictions de France, parlant des Amiraux au chapitre de l'Amirauté, foit de la même opinion fur une reflexion affez confiderable, qui eft que nous n'avons point d'Ordonnances fur le fait de la Marine, auparavant le Regne de Charle V I. de 1400. ce qui fait juger, dit-il, que l'eftat d'Amiral en France n'eft pas ancien.

En effet, ny Gregoire de Tours, qui vivoit dans le temps de la premiere race de nos Rois, ny Nitard, Regan, Regnior, Hincmare, qui eftoient fous la feconde, ny mefme Flodoari qui a efté dans le temps de la feconde & de la troifiéme, ny Robert Radulphus, ny Guillaume le Breton, qui eftoient dans le commancement. Ces derniers fous le Regne de Philippe Augufte ne font aucune mention d'Amiral dans leurs écrits.

*Les preuves dont fe fervent les Auteurs qui rapportent l'origine des Amiraux de France à des temps plus anciens que le titre de cette creation de la Charge, feroient peu affurez pour fonder le nom, le pouvoir & les fonctions d'un feul Amiral en France en mefme-temps, & qui en eut feul le titre, & qui fut Commandant General des Armées Navalles de France, puis que les mefmes preuves que rapportent ceux qui veulent donner une origine plus ancienne aux Amiraux de France, qu'elle n'a en effet, juftifient que fous le Regne du Roy faint Loüis en fon entreprife d'Egypte, il y avoit trois Amiraux tout à la fois, Hugues de Lufcaires, Jacques de Levant & Florent ou Florimont de Vazennes; que fous le Roy Philippe le Bel, il y en avoit auffi trois, portant enfemble, le nom & le titre d'Amiral, Enguerand, Seigneur de Coucy * , qui fut défait par Rogier Lorial Amiral d'Aragon, & deux autres Matthieu de Montmorency, & Jean d'Arcourt, Guillaume de Nangis en fa Chronique parle de ces deux derniers, comme eftant Amiraux de la Flote de France, non* * D'autres diront Bailleul.

seulement en mesme-temps, mais encore dans la mesme expedition.

*Le Sieur du Tillet remarque encore un autre Amiral sous les mesmes Philippe Ramier de Grimaldis. **

*La pluralité & le nombre des Amiraux dans le mesme-temps, se trouve encore sous le Roy Philippe de Vallois, Gilles de Bouchenoire, appellé grand Amiral de Castille, Othondornes, * Hu Halouret * & Pierre Babucher *, tous quatre défaits dans une mesme expedition par Edoüart Roy d'Angleterre de mesme sous le Roy Charles V. * Baudran de la Heuse ou François le Perilleux.*

Le Sieur de la Popliniere qui a fait imprimer un Traité de l'Amirauté de France, qui est un Auteur suspect, comme ayant donné au public son Traité en faveur des Amiraux de France pour étendre leurs droits & les pouvoirs mesmes, particulierement dans un temps encore plus suspect en 1584. c'est à dire dans le temps mesme de l'entreprise de l'Amiral de Joyeuse, auquel cet Ouvrage interessé est dedié. Contre M. de Mercœur Gouverneur de Bretagne, dit luy-mesme qu'il y avoit quatre Amiraux, celuy de Calais jusqu'au Mont-Saint-Michel, qui avoit Lettres d'Amiral de France; celuy qui commandoit depuis le Mont-Saint-Michel, jusqu'aux Rats qu'on appelloit l'Amiral de Bretagne; celuy qui commandoit depuis les Rats jusqu'à Bayonne que l'on appelloit l'Amiral de Guyenne; & celuy de Levant qui commandoit en Provence dont il estoit le Grand Seneschal & Gouverneur. Ainsi quand l'origine des Amiraux de France seroit plus ancienne qu'elle n'est en effet, la seule consideration de cette pluralité d'Amiraux qui avoient le titre, la qualité & les fonctions dans le mesme temps, seroit une preuve certaine, que le titre d'Amiral de France ne peut estre un Office de la Couronne, dont le caractere le plus essentiel, comme des Chanceliers & des Connestables, est la qualité de seul Amiral de France.

Il n'est pas necessaire aprés cela d'ajoûter que dans ces temps ausquels l'on veut former l'Office d'Amiral titré de France comme Office de la Couronne, plusieurs Particuliers se disoient, mesme dans le Royaume, Amiraux dans l'étenduë de leurs Terres, & vendiquoient les droits & les pouvoirs d'Amirauté. Le Sieur Du Tillet en remarque plusieurs, avec Choppin & tous les autres Auteurs, entr'autres le Sire de la Tremoüille dans ses Terres sur les Costes de la Mer, le Comte d'Eu dans les siennes, prenant le dixiéme des prises & s'attribuant les bries & bien vaccans par le droit de naufrage de 1375. 1482. & 1509. Le Sieur de Caieü a aussi autrefois soutenu en 1403. & 1410. que les profits & consequances des naufrages en sa terre luy appartenoient; de mesme les Officiers de la Rochelle & plusieurs Gentils-hommes de ce Gouvernement pour partie des droits & pour la connoissance de plusieurs cas appartenans à l'Amiral. Le Sieur Secretaire General de la Marine rapporte quelqu'uns de ces exemples, dont la consequence sert principalement pour opposer à la pretention de la Charge d'Amiral de France, est Office de la Couronne, parce que l'on ne peut se persuader que ces

Seigneurs

Seigneurs particuliers eussent entrepris de donner atteinte aux droits d'un Office de la Couronne (☞) oster un fleuron de cette mesme Couronne, suivant l'expression du Sieur Secretaire General de la Marine. Mais quand l'on pourroit rapporter l'origine de cet Office à une source beaucoup plus ancienne & qui approcha de plus prés dés le commencement de la Monarchie ; Quand l'on pourroit effacer tous les vestiges de la pluralité d'Amiraux en France en mesme temps, dont la division alte e extremement le caractere du Titre éminent d'Office de la Couronne, il seroit encore difficile de soutenir cette qualité. On assure que les Amiraux de France sont redevables de l'institution de cette Charge en titre d'Office formé au Roy Charles V. en 1369. seulement. Elle a esté créée en faveur d'Amaury Vicomte de Narbonne, que le Roy destitua peu de temps apiés en 1373. Le Sieur Du Tillet fait mention des Lettres accordées a ce Seigneur par le Roy Charles V. le 28. Decembre 1369. suivant un Registre de la Chambre des Comptes. Du Tillet, & autres.

Il est vray que le Sieur Pasquier contredit le temoignage du Sieur du Tillet, qui est cependant fondé sur l'opinion commune, qu'il remet un peu plus haut ce premier établissement ; & que suivant l'opinion du Sieur le Feron Avocat au Parlement de Paris, en ses Memoires des Amiraux, il estime que le premier Amiral de France a esté Enguerand de Coucy en 1284. sous le Regne de Philippes III. fils de Saint Louis, ce qui fait remonter la source des Amiraux de France de prés d'un Siecle ; mais cette pensée, qui est l'opinion la plus avantageuse qu'on puisse avoir sur l'origine des Amiraux de France, ne pourroit servir pour en faire un Titre d'Office de la Couronne ; d'ailleurs le nom (☞) les fonctions d'Amiral pourroient bien remonter à Enguerand de Coucy en 1284. sans que cette Epoque donne atteinte à l'erection d'Amiral de France en Titre d'Office qui a esté en 1369. seulement dans ces premiers établissemens cet office n'avoit garde d'estre consideré comme un Office de la Couronne, parce qu'il estoit quelquefois donné à des Estrangers de differentes Nations qui sçavoient parfaitement la Mer par de longues experiences, (☞) qu'on consideroit plûtost comme Capitaines tres-experimentez, que comme des Officiers de la Couronne ; ce que tous les Roys Predecesseurs de V. M. ont observez jusqu'en 1500. donnant assez indifferamment à un ou à plusieurs à la fois le titre d'Amiral de France. Il n'y a qu'à lire dans Fontanon l'Ordonnance de 1400. qui dit precisement le contraire.

Il estoit assez difficile dans les premiers temps de la creation de cette Charge en 1369. sous le Roy Charles V. (☞) long-temps depuis, de connoistre la nature de cette Office, dont l'établissement estoit nouveau, (☞) n'avoit garde d'estre un titre d'Office de la Couronne ; quelqu'uns ont estimé que ce pouvoit estre une espece de Fief à vie, tenu par ceux qui en sont honorez à foy & hommage de nos Roys. Ce qui peut soutenir cette pensée, est que les mesmes Lettres du Roy Charles V. qui en font le premier établissement en titre d'Office, déchargent Amaury en faveur duquel il l'érigea, de l'hommage ; Et qu'encore les Provisions de cette Charge accordées au Sieur de Villars en 1569. estoit à la Charge par luy d'en *faire hommage au Roy. Il est vray que le Sieur Dufaur Avocat General au Parlement de Paris, s'éleva contre cette clause en 1569. lorsque l'enregistrement fut demandé de ces Provisions; qu'il en demanda la reformation, pretendant que l'Office n'estant point un Fief ny un patrimoine hereditaire, l'hommage n'en devoit point estre fait. Il est encore vray que cette requisition en arresta l'enregistrement, & qu'en effet il y eut de nouvelles Lettres obtenuës en 1572. par le Sieur de Villars, sans qu'il paroisse que cette mesme clause y ait esté inserée, non plus que dans celles des autres Amiraux qui ont suivy: mais outre que l'exemple des premieres Lettres d'erection de cette Charge en titre d'Office par le Roy Charles V. en 1369. portant décharge d'en rendre l'hommage en faveur du Titulaire, fait connoistre que le Sieur Dufaur n'avoit pas dû traiter d'absurde comme il a fait, cette clause inserée dans les Lettres. Ses remontrances servent du moins à faire voir que cette Charge n'estoit pas Office de la Couronne, parce que c'estoit l'occasion dans laquelle cet Avocat General de V. M. n'auroit pas manqué d'en relever le caractere, si elle avoit esté de cette nature; ce qui pourroit peut-estre avoir donné lieu à la conjecture de ceux qui ont voulu sans beaucoup de fondement, imprimer à la Charge d'Amiral de France le titre d'Office de la Couronne, est l'attribution qui luy a esté faite par nos Rois du dixiéme des prises, sous pretexte que ce droit faisoit auparavant partie du Domaine, comme si tous les droits casuels, qui ont fait autrefois partie du Domaine, pouvoient estre reputez à cause d'une pareille attribution Offices, de la Couronne. Ce seroit assurement un secret assez particulier, pour multiplier de cette maniere les Offices de la Couronne titrez de France, ce qui ne peut-estre autorisé d'autant moins que l'Office d'Amiral estant créé en titre dés 1369. cette attribution faite depuis son establissement n'auroit pû luy donner un caractere aussi éminent qu'elle n'auroit pas eû par le Titre mesme de son erection.*

<table>
<tr><td>

XXXIX.

    Mais il vaut mieux les satisfaire sur les titres precis qu'ils demandent & qu'ils disent *n'avoir pû trouver ny dans les monumens publics ny dans les particuliers.* Ceux qu'on leur citer, ne sont pourtant pas extremement rares, mais plus anciens peut-estre, que ceux de mesme nature qu'on pourroit rapporter en faveur d'aucun autre Office de la Couronne.

    Il y a une Declaration du Roy Henry III. du 3. Avril 1582. en-

</td><td>

XXXIX.

*   Ainsi pour luy imprimer cette qualité si importante, il faudroit quelque titre solemnel, qui luy eut conferé, sinon lors de sa premiere erection, du moins un autre titre aussi authentique, il n'en paroist cependant aucun, & les Commissaires Deputez n'ont trouvé aucun monument public ny particulier pour luy attribuer ce supreme avantage. S'il n'y en avoit point dans le premier établissement de ces Charges, il faudroit du moins que les Ordon-*

</td></tr>
</table>

regiſtrée au Parlement de Paris le 9. Avril du meſme mois, qui porte , *que les Ducs de nouvelle creation ne precederont point les Officiers de la Couronne & entre autres l'Amiral de France.* Et afin que M^{rs} les Commiſſaires Deputez n'attribuënt point cette Declaration à la faveur de l'Amiral de Joyeuſe qui leur eſt ſi ſuſpecte, on croit devoir les avertir que c'eſtoit M. de Mayenne qui eſtoit Amiral en ce temps-là.

Il y a une autre Declaration de la meſme année touchant les droits de l'Amirauté , qui porte en termes precis, *pour maintenir les Eſtats de noſtre Couronne , dont ledit Eſtat d'Amiral eſt des premiers (†) anciens.*

Dans les Proviſions de l'Amiral Brancas , qui ſont de l'année 1594. *il eſt beſoin & neceſſaire, comme eſtant ladite Charge d'Amiral, un des premiers & principaux Offices de noſtre Couronne , d'en pourvoir &c.*

Les Proviſions de la meſme Charge données en 1596. à M. de Montmorency *vacquant à preſent l'Eſtat (†) Charge d'Amiral de France ; il eſt neceſſaire pour le bien de nos affaires , & comme eſtant un des premiers & principaux Eſtats de noſtre Couronne , y pourvoir de quelque Perſonnage digne & capable de telle qualité , dignité, grandeur, ancienneté , &c.*

L'Edit de 1630. portant creation des Amirautez en Languedoc, *la Charge d'Amiral de France a toûjours été cõmuniquée aux plus grãds & illuſtres Perſonnages, comme étant Officier de noſtre Couronne avec plein Pouvoir , Juriſdiction & Sur-In-*

nances de nos Rois dans l'attribution des pouvoirs qu'ils leur ont donné, & que M. de Joyeuſe Beau-frere du Roy Henry III. (†) M. de Montmorency qui en ont eſté ſucceſſivement pourveus , ont fait étendre avec tant de ſoin. Cet Office eut eſté declaré Office de la Couronne, ils n'auroient pas manqué de l'y faire employer s'ils l'avoient pû obtenir , mais quelque credit dont ils ſe ſoient flattez , ils n'ont oſé tenter un art auſſi important ; (†) ce qui perſuade encore davantage que cette qualité n'a pas de fondement ſolide , c'eſt que dans aucuns des diſcours qui ont eſté faits par les Sieurs Avocats Generaux du Parlement de Paris , à l'Audience publique de la grande Chambre , lors de l'enregiſtrement des Proviſions des Amiraux de France & de la reception de ces Officiers qui eſto'ent autrefois en uſage, (†) dont il y en a partie de donné au public , l'on ne void pas dans tous les titres d'honneur , par leſquels les Avocats de V. M. ont voulu illuſtrer cette Charge en faveur de ceux qui en eſtoient reveſtus , ils l'ayent caracteriſé d'Office de la Couronne , c'eſtoit cependant le plus precieux titre de ſa grandeur & de ſon elevation. Le Sieur Marion Avocat General , le plus éloquent de ſon temps a donné au public celuy qu'il avoit fait en 1588. lors de la reception du Sieur Duc d'Epernon , le Sieur Paſquier en ſes recherches l. 2. c. 14. a auſſi rapporté l'extrait de ceux faits tant par le Sieur Chriſtophe de Thou lors Avocat des Parties , & qui fut depuis Premier Preſident au Parlement de Paris , lors de la preſentation des Lettres de l'Amiral de Co-

tendance generale &c. Il n'est pas necessaire d'ajouter que cette Charge, après avoir esté supprimée pendant quarente-trois ans, fut rétablie par l'Edit de 1669. avec son ancien Titre de la Couronne, cela est connu de tout le monde, peut-estre y en a-t-il là assez pour faire convenir M^{rs} les Commissaires Deputez, qu'ils n'estoient pas suffisamment éclaircis des titres & de la dignité de cette Charge lors qu'ils ont asseuré si positivement, que le *Duc de Joyeuse mesme, avec toute sa faveur, n'avoit pû y faire attribuer le Titre d'Office de la Couronne.*

ligny en 1552. *que par le Sieur Seguier Avocat General, qui en requit l'enregistrement, ceux du Sieur Pasquier lors de la pretenduë Lettre de l'Amiral de Joyeuse en* 1582. *du Sieur Faye Despeisses, Avocat General lors de la même reception dans aucuns de ses discours, quoy qu'originairement faits pour relever l'éclat de cette Charge, l'on en trouve point le titre d'Office de la Couronne.*

Ainsi quelque caractere d'honneur & de grandeur qu'on puisse donner à une Charge aussi éminente, l'on est obligé d'observer, que cette dignité n'est parvenuë à ce haut point de gloire qui l'a relevé si avantageusement, que depuis qu'elle a esté conferée successivement aux deux Princes qui en ont esté revestus, & par les gros revenus qui y ont esté attachez & qui estoient dans les premiers Siecles tres mediocres, suivant les Comptes qui en sont à la Chambre des Comptes de Paris. Si l'éclat de cette Charge est encore infiniment rehaussé par l'avantage d'estre remplie par le Prince qui l'a possede aujourd'huy, l'on n'a pas pû s'empescher de faire connoistre, que si elle est à-present par ses degrez d'élevation l'une des plus grandes & des plus importantes du Royaume, elle n'est pas des plus anciennes par le Titre de son établissement ; & que son progrez n'avoit pas encore esté si élevé.

Les Commissaires Deputez ne peuvent encore obmettre deux preuves qu'ils estiment considerables contre la qualité pretenduë que le Sieur Secretaire General de la Marine attribue à cette Charge d'Office de la Couronne.

XL.

On peut satisfaire par une mesme réponse aux deux objections qui sont faites dans cet Article. La premiere tirée de ce que l'Amiral de France, *en qualité d'Amiral n'a point de sceance au Parlement,* l'autre que l'Amiral d'Amboise, ayant demandé à la publication de ses Lettres, *qu'il fut mis sur le reply, comme à celles du Chancelier & du Connestable, qu'elles*

XL.

*L'une est, que l'Amiral de France n'a pas droit de Seance dans les haults Sieges ny voix deliberative dans les Parlemens, qui est cependant l'une des principales prerogatives des Offices * de la Couronne titrez de France, comme le Connestable & le Chancelier. C'est ce qui fut dit par le Sieur le Maistre Premier President du Parlement de Paris à l'Amiral de Coligny lors de sa*

Reception

* Comme cela est avancé sans preuve, on n'a qu'à le nier de mesme.

avoient esté leuës, publiées (+) en-regiſtrées. Il fut arreſté, que la re-ception de ſerment ſeroit miſe en la forme ordinaire.

Mrs les Commiſſaires Deputez auroient aſſez de peine à faire un Argument en forme, pour con-clure de là, que la Charge d'Ami-ral de France n'eſt pas un Office de la Couronne ; car où eſt - il écrit , que les Officiers de la Couronne, doivent par le titre de leur Charge , avoir une Seance au Parlement, & que leurs Lettres doivent eſtre toutes enregiſtrées en la meſme maniere ; mais ce-pendant pour ne point laiſſer leur objection ſans réponſe, il ſuffira de leur dire, que la Charge d'A-miral de France , quoy qu'Office de la Couronne, rendant celuy qui la poſſede Juge Subalterne & reſſortiſſant au Parlement à cauſe de la Juriſdiction de l'A-mirauté , il n'eſt pas étonnant qu'elle ne luy donne pas *place dans les hauts Sieges ny le droit d'y faire publier ſes Lettres* , comme celles du Chancelier, qui eſt le Chef & le Superieur de cette Compagnie ; ou comme celle du Conneſtable , qui precede meſ-me le Chancelier.

On pourroit, ſans craindre de faire le moindre tort à la Charge d'Amiral , ſe diſpenſer de répon-dre à l'Argument qu'ils tirent en-core *du jugement de la Comteſſe d'Artois en* 1309. *où l'Amiral n'aſ-ſiſta pas*, car pourquoy l'Amiral de France n'auroit-il pû ſe diſ-penſer d'aſſiſter au Jugement de la Comteſſe d'Artois ſans perdre ſa qualité d'Officier de la Cou-ronne. Il pouvoit eſtre abſent,

reception le 12. *Janvier* 1552. *qu'il pouvoit avoir ſa ſeance dans les Hauts Sieges comme Gouverneur de Paris, mais non comme Amiral de France , d'autant que ſes Predeceſ-ſeurs, ajoûte-t'il , n'y avoient ja-mais eu aucun lieu : Ce ſont les termes de Paſquier. Cette remon-trance fut auſſi faite par le Sieur Premier Preſident de Thou à l'A-miral Duc de Joyeuſe en* 1582. *Anne de Joyeuſe, montez en haut en qua-lité de Pair de France : Car en qua-lité d'Amiral vous n'avez point icy de ſeance. Cette remontrance fut encore faite lors de la reception de l'Amiral Duc d'Epernon en* 1588. *qu'il pouvoit ſeoir comme Pair de France (+) non comme Amiral, parce que comme Amiral il n'avoit aucune place ; de meſme lors de la reception de l'Amiral de Villars. Il eſt écrit dans les Requeſtes du Parlement de Paris : Il n'a ſeance au Conſeil, ny voix de conclure en ladite Cour.*

Auſſi l'Amiral Chabot de Brion, le Roy François I. ſeant en ſon Par-lement les 5. 16. *&* 20. *Decembre* 1527. *&* 1536. *fut aſſis dans les bas Sieges.*

Le Sieur Du Tillet Greffier du Pag. 284. *Parlement de Paris, dit, que l'A-miral ne ſied és Hauts Sieges ; ce qu'il leur a , dit-il , eſté ſouvent declaré en les recevant.*

A quoy il faut ajoûter un titre important tiré du premier Livre des Memoriaux de la Chambre des Comptes de Paris, cotté A. commen-çant en 1309. *fol.* 42. *v. dont la copie avoit eſté communiquée par le celebre Antiquaire de ce Siecle, le deffunt Sieur Vion d'Heronval Au-diteur en la meſme Chambre des Comptes. Au P. Anſelme Auguſtin*

malade, empeſché ailleurs; & cela n'a rien d'extraordinaire. Ce n'eſt pas comme quand Mʳˢ les Commiſſaires Deputez ſont obligez de ſuppoſer, que tous les grands Officiers Ducaux de Bretagne *conſervez dans leurs Offices en vertu des Traitez & des Privileges*, ſe trouverent tous ſi occupez le jour du Couronnement de leur nouveau Duc, que pas un d'eux n'y pût aſſiſter, *& qu'il fallut commettre des gens, pour repreſenter en leur place & faire leurs fonctions.* Cependant pour ſatisfaire auſſi à Mʳˢ les Commiſſaires Deputez ſur cette minute, comme ſur tout le reſte; il n'y a qu'à leur repondre, que ſi l'Amiral de France manqua en 1309. d'aſſiſter au Jugement de la Comteſſe d'Artois, il aſſiſta en 1458. à celuy du Duc d'Alençon, où le Conneſtable n'eſtoit pas; & qu'ainſi ce Jugement de 1309. ne ſert à rien pour prouver, qu'il n'eſtoit pas Officier de la Couronne. Qu'en 1475. il aſſiſta ſeul de tous les Officiers de la Couronne au Procez Criminel fait au Conneſtable de Luxembourg par Ordre de Louis XI. Mais pour recompenſer meſme avec uſure cette abſence de 1309. par d'autres fonctions plus importantes.

Ceremonial François. tom. 2. pag. 448.

V. Les Actes qui ſont à la fin des Memoires de Comines de l'Edition du Louvre.

On trouve dans le Traité de Guerrande, fait en 1386. que le Duc de Bourbon, *le Conneſtable & l'Amiral de France* ſont nommez pour aller prendre le Duc ſur la Frontiere, & pour l'amener faire hommage au Roy.

Regiſtres des Ordonnances Sbarbines du Parlement de Paris cotté A. fol. 130.

En 1381. le 27. Septembre *l'Amiral eſt nommé avec le Conneſtable & les Mareſchaux de France,*

Ceremonial François. tom. 2. fol. 655.

qui l'a tranſcrit à la fin du ſecond tome des Grands Officiers de France. Ce titre eſt au ſujet du fameux procés de Jeanne Comteſſe de Flandres, dans lequel il fut jugé par la Cour des Pairs que les Officiers de la Couronne, appellez * par le Titre Officiers de l'Hoſtel du Roy, & qui y ſont denommez ſçavoir le Chancelier, le Boutelier, le Chambrier & le Conneſtable devoient aſſiſter avec les Pairs de France, pour juger les Pairs de France, comme eſtans Officiers de la Couronne, ce qui fut executé, & aſſiſterent en cette qualité en 1324. au jugement du procés, ce qui établit deux choſes importantes au Commiſſaires Deputez pour l'établiſſement de leur preuve, l'une que les Officiers de la Couronne doivent en effet avoir ſeance & juger avec les Pairs de France dans le Parlement des Pairs qui eſt celuy de Paris. Auſſi le titre de cette piece eſt en ces termes: Les Grands Offices de la Couronne & de la Maiſon du Roy doivent juger avec les Pairs de France. Ainſi l'Amiral de France eſtant exclus comme Amiral de cette principale prerogative des Offices de la Couronne, de ſeoir dans les Hauts Sieges du Parlement de Paris & y avoir voix deliberative: cette excluſion juſtifie nettement que ce n'eſt point en effet un Office de la Couronne. L'autre induction de ce titre conſiderable, eſt que les Offices de la Couronne ſont expliquez dans ce titre; ſçavoir, le Chancelier, le Boutelier, le Chambrier & le Conneſtable, ſans qu'il ſoit fait aucune mention d'Amiral. Ce qui fait voir qu'en 1309. l'Office d'Amiral ne pouvoit eſtre un Office de la Couronne, & qu'il ne l'a pû devenir

* Où a-t-on trouvé que cela ſignifie les Officiers de la Couronne?

Donc l'Amiral de France eſt Officier de la Couronne, puis qu'il a aſſiſté au jugement du Duc d'Alençon & du Conneſtable de Luxembour.

pour affister à l'hommage que Jean de Montfort Duc de Bretagne venoit faire au Roy.

Idem. fol. 679.

En 1385. *l'Amiral de France* affifta *avec le Conneftable* au ferment prefté entre les mains du Roy par le Marefchal Boucicault.

Idem. fol. 656. & 662.

En 1403. & 1450. *l'Amiral de France* fut nommé par le Roy pour affifter à la preftation de foy & hommage du Duc de Bretagne.

Regiftre du Parlement des Ordonance de Charles VIII. H. fol. 151.

En 1493. dans le Traité de Paix entre le Roy Charles VIII. le Roy des Romains & l'Archiduc *le Conneftable de France & l'Amiral* font nommez confervateurs de la Paix ; l'un pour ce qui regarde la Terre & l'autre pour ce qui regarde la Mer.

Ceremonial François tom. I. fol. 166. 167. 173. & 477.

En divers temps les Amiraux de France ont efté nommez pour affifter au Sacre des Roys, & entr'autres à ceux de Charles VII. Louis XI. & de la Reyne Claude.

Idem fol. 179.

A l'entrée de Louis XI. dans Paris *l'Amiral de France* preceda les Marefchaux de France.

Idem 2. tom. fol. 479.

En 1527. François I. tenant fon lit de Juftice, *l'Amiral de France* y eut feance aprés le Grand Maiftre.

Idem fol. 505.

En 1536. autre lict de Juftice, où il eut encore la mefme place.

Idem fol. 517.

En la mefme année, le Roy tint encore fon lict de Juftice au fujet de la confifcation du Comté de Flandres. *Le Chancelier aprés avoir pris l'avis du Duc de Guyfe & du Grand Chambellan, a conferé de l'affaire avec Mʳˢ les Grand Maiftre & Amiral ; ce fait a conferé avec les quatre Prefidens.*

Arrefté du Parlement rapporté dans le Regiftre du

En 1543. le 7. Juin. *La Cour, toutes les Chambres affemblées, eft partie en forme de Cour pour affifter à*

n'y ayant aucun titre qui luy ait conferé ce haut rang. Auffi n'a-til efté créé qu'en 1369. en faveur d'Amaury huitiéme Vicomte de Narbonne, ainfi fi que quelques Auteurs ont donné en 1284. à Enguerand de Coucy fous Philippe III. le nom & la qualité d'Amiral. Ce n'eftoit pas un titre d'Office formé, encore moins un Office de la Couronne titré de France. Les termes de ce titre font confiderables : Comme les Pairs de France difent que le Chancelier, le Boutelier, le Chambrier & le Conneftable, que ce font des Offices de l'Hoftel du Roy, ne devoient mie eftre avec eux à faire jugement fur les Pairs de France, & lefdits Officiers du Roy, le difent au contraire, & qu'ils devoient étre aux Us & aux Couftumes de France, gardez avec les Pairs, & juger les Pairs, il fut jugé en la Cour, le Roy qu'iceux Officiers dudit Hoftel du Roy devoient eftre avec les Pairs de France à juger les Pairs, & ils jugerent lefdits Officiers, avec les Pairs, la Comteffe de Flandres à Paris, l'an 1324. *La derniere preuve qui eft encore d'un tres grand poids fur cette matiere eft que Charles Damboife Amiral de France, ayant en 1508. prefenté au Parlement des Lettres d'Amiral de France, pour y eftre receu, demanda que fur le reply de fes Lettres, il fut mis qu'elles avoient efté lûës, publiées & enregiftrées comme on a fait à celle de Conneftable & de Chancelier de France, comme eftant Office de la Couronne, le Parlement de Paris le refufa & ordonna que fa reception & preftation de ferment feroit mife en la forme accouftumée.*

Conseil de de cette an-née.
Idem fol. 552.
Idem fol. 295.
Idem fol. 903.

l'inhumation du corps de feu Messire Philippe Chabot Amiral de France.

1551. Autre lict de Justice, où l'Amiral a sa seance avant *deux Mareschaux de France.*

Aux Estats d'Orleans *l'Amiral assis* immediatement *après le Grand Maistre.*

En 1596. serment d'Henry IV. en presence des Princes du Sang, & des Officiers de la Couronne pour la confederation avec la Reyne d'Angleterre contre Philippes II. *l'Amiral y assiste avec les Mareschaux de France.*

Les termes du Sieur du Tillet p. 284. sont Messire Charles d'Amboise pourvû d'Amiral par la resignation & à la survivance de son beaupere Messire Loüis de Graville ayant esté receu au Parlement requist le premier Fevrier 1508. estre mis sur le reply de ses Lettres d'Offices qu'elles avoient esté lûës, publiées & enregistrées comme il est fait à celles du Connestable & Chancelier de France fut refusé & ordonné que la reception & prestation de serment seroit mise en la forme accoûtumée. Ce qui marque que le Parlement jugea que ce n'estoit point en effet un Office de la Couronne, & n'avoit pas en cette qualité les mesmes prerogatives que les Charges de Connestable & de Chancelier de France.

Il ne faut pas que le Sieur Secretaire General de la Marine, pour prouver que l'Office d'Amiral de France est Charge de la Couronne, comme il le pretend, employe l'Edit de V. M. donné à saint Germain en Laye au mois de Novembre 1669. qui rétablit cette Charge avec son premier Titre qui avoit esté supprimé auparavant en 1626 Quelque chose que porte cet Edit de 1669 V. M. y a formellement excepté la la Province de Bretagne de l'Amirauté de France. Le Sieur Secretaire General de la Marine, en convient luy-mesme dans sa Requeste, il ne sçauroit donc y faire de fondement, dans l'envie qu'il auroit d'étendre en Bretagne les droits (&) les pouvoir de M. l'Amiral comme des Officiers de la Couronne; les Commissaires Deputez y trouvent au contraire la preuve & le titre insurmontable du droit de leur Province (&) de la possession de ses Gouverneurs, l'Office d'Amiral n'ayant esté rétably que sous la condition expresse, que la Bretagne seroit exceptée de sa Jurisdiction. On ne peut pretendre aujourd'huy que cette Province y doive estre soûmise.

XLI.

On ne croit pas qu'il soit necessaire, de répondre serieusement à ce que Mrs les Commissaires Deputez ont jugé à propos de dire icy des Thresoriers de France, mais si après tant de preuves, ausquelles ils leur est impossible de répondre, ils con-

XLI.

Le Titre de France ajoûté à la Charge d'Amiral, n'est pas suffisant pour fonder la qualité d'Office de la Couronne. Si ce mot de France ajoûté au Titre de la Charge, suffisoit pour l'a caracteriser d'Office de la Couronne, il faudroit que tous les Offices de Thresoriers de France

qui

tinuoient à refuser de reconnoî-
tre l'Amiral de France pour Officier de la Couronne, on pourroit avec justice leur faire le mesme reproche que l'on faisoit à ce
Philosophe Stoïcien, qui au milieu des convulsions que luy cau-
soit une violente colique, ne
laissoit pas de s'écrier de temps en temps : *Tu as beau faire douleur, tu
ne viendras jamais à bout de m'obliger à te reconnoistre pour un mal.*

*qui ont le titre de France, fussent
declarez Offices de la Couronne ; il
n'y a cependant pas d'apparence dans
cette pretention, parce qu'ils n'ont
pas d'ailleurs les caracteres necessaires pour former le titre d'Office de
la Couronne.*

X L I I.

On répondra à ces prétenduës
differences, lorsque M^{rs} les Commissaires Deputez les établiront,
d'une maniere plus précise.

X L I I.

*L'Exemple des qualitez de Con-
nestable & de Chancelier ne fait
aucune consequence pour la Charge
d'Amiral de France ; les differences en sont essentielles, & bien loin
que l'on puisse tirer avantage de cet exemple pour les Amiraux de France,
il leur doit estre opposé.*

*Premierement l'on n'a jamais revocqué en doute, que les Offices de
Connestable & de Chancelier, ne soient Offices de la Couronne titrez de
France, avec un pouvoir general dans tout le Royaume, sans qu'aucune Province ait jamais pretenduë aucune exception ; c'est ce qui est tres
different pour la Charge d'Amiral.*

X L I I I.

M^{rs} les Commissaires Deputez se trompent considerable-
ment en disant que le Chancelier de France avoit le mesme
pouvoir en Bretagne depuis l'an
1492. temps du premier Mariage
de la Duchesse Anne, qu'il a eu
depuis l'union de cette Province
à la Couronne ; on peut les assurer
sans crainte de trop s'engager,
que durant tout ce temps-là le
Chancelier de France n'a jamais
esté reconnu en Bretagne & n'y
faisoit aucunes fonctions ; cela
est aisé à comprendre, puisque
cette Province ne faisant pas
encore partie du Royaume, les

X L I I I.

*En second lieu dans le temps de
l'union de la Bretagne à la Couronne
en 1532. il n'y avoit point de Connestable, il n'y avoit plus de Chancelier.
Le Sieur Secretaire General de la
Marine a luy-mesme remarqué
aprés le Sieur Dargentré, que la
Charge de Chancelier de Bretagne
avoit esté supprimée des 1494. ainsi
le Chancelier de France avoit les
mesmes pouvoirs en Bretagne dans
le temps de l'union depuis 1492.
temps du premier Mariage de la
Duchesse Anne avec le Roy Charles
V I I I. il a esté montré qu'il y avoit
au contraire des Amiraux en Bretagne lors de l'union faite en 1532 que*

grands Officiers du Royaume ne pouvoient pas encore y estre reconnus ; mais cela se prouve encore invinciblement, parce que durant la vie de la Duchesse Anne, toutes les Lettres patentes pour les affaires du Duché estoient expediées en son nom & scellées de son Sceau ; & depuis sa mort jusqu'au temps de la reünion, el-les furent expediées & scellées par le Chancelier du Dauphin, qui avoit des Provisions particulieres pour expedier les affaires de Bre-tagne. On les trouve dans le Receüil de Godefroy pag. 111. de l'Edition de Louvre. Il ne faut pas non plus qu'ils disent, qu'il n'y avoit point de Connestable. Il y avoit un Mareschal qui en tenoit lieu , & c'est Dargentré qui dit luy-mesme , *que le Mareschal de Bretagne estoit dans ce Duché ce qu'est le Connestable dans les autres Estats ; qu'il commandoit aux Armées de Bretagne , comme n'y en ayant qu'un seul en ce Pays ; comme il se voit en plusieurs Royaumes , où au lieu d'un Connestable il n'y a qu'un seul Mareschal pag. 816.*

l'Amiral de France n'y exerçoit aucune fonction.

En troisiéme lieu, par les Privileges de la Bretagne , & par le titre de son union, tous les Offices de la Bretagne ont esté conservez , il n'y avoit plus de Chancelier de Bretagne, il y avoit des Amiraux de Bretagne , ainsi la difference est entiere.

D'argentré.

XLIV.

On a déja répondu deux fois sur cette objection , tirée de la diversité des droits d'Amirauté; ce n'est pas la peine de s'y arrester d'avantage.

XLIV.

En quatriéme lieu , la conference de la diversité des droits d'Amirauté dans l'estat, auquel estoient les choses lors de l'union de la Bretagne & de ce qu'ils sont aujourd'huy avec l'uniformité des droits des Chanceliers de France dans l'un & l'autre temps, établit encore une difference essentielle ; les Chanceliers avoient dans le temps de l'union les mesmes droits & les mesmes pouvoirs.

Les Droits d'Ancrages & Congé de Passeports , d'établissement d'Officiers pour les causes Maritimes distinct des autres Officiers & beaucoup d'autres droits, ne faisoient point partie des droits de l'Amirauté lors de l'union de la Bretagne , & cette Province avoit cette prerogative singuliere de n'y estre pas sujete en aucune maniere.

2°. Quelque caractere qu'on puisse donner à la Charge d'Amiral de France , elle ne renferme pas par le seul titre de sa Charge les droits d'Amirauté de Bretage. C'est la seconde réponse des Commissaires Deputez au grand pretexte du Sieur Secretaire General de la Marine , fondé sur le titre qu'il donne à la Charge d'Amiral de France d'Office de la Couronne.

Deux preuves decisives établissent cette réponse.

La premiere tirée de partie des Provisions mesme de cette Charge.

La seconde fondée sur les Privileges de Bretagne.

La premiere sera établie plus particulierement dans la suite, où l'on fera voir que les Amiraux de France qui ont voulu entreprendre sur l'Amirauté de Bretagne, ne l'ont pas eux-mesme pretendu par le seul titre de leur Charge d'Amiral de France, mais ou sur des Lettres particulieres que l'on a eu assez de credit d'obtenir pour joindre à la Charge d'Amiral de France, dont ils estoient deja pourveus, de la qualité d'Amiral de Bretagne, jugeant que celle d'Amiral de France ne suffisoit pas. L'exemple en est dans ces Provisions de l'Amiral de Joyeuse de 1582. dont l'enregistrement n'a pû estre fait qu'avec tant de modifications, qu'elles en ont empesché tout l'effet, ou sur ce que quelques autres Amiraux ont fait ajoûter au titre mesme de leurs Provisions d'Amiral de France, ces mots, & de Bretagne, persuadez eux-mesmes que le seul titre d'Amiral de France ne leur donnoit pas ce droit. C'est ce qui est écrit dans les Provisions de l'Amiral de Villars de 1572. de l'Amiral de Damville de 1596. & de l'Amiral de Montmorency de 1612.

Les Commissaires Deputez feront encore voir que les trois dernieres Provisions des Amiraux de France de M. de Vendosme de 1650. de M. le Comte de Vermandois de 1669. & de M. le Comte de Toulouse de 1685. portent mesme exclusion formelle de la Bretagne.

Ainsi les titres mesmes des Provisions de la Charge d'Amiral de France, mesme le dernier Estat & les trois dernieres Provisions, font voir que le titre de cette Charge, bien loin de renfermer par le seul titre de l'Office d'Amiral de France l'Amirauté de Bretagne, l'exclud formellement.

Les Commissaires Deputez ont étably leur seconde preuve fondée sur l'exception particuliere de la Bretagne, sur les Privileges singuliers de cette Province, sur les conditions de son union à la Couronne, sur les conventions mesme du Mariage de nos Roys Charles VIII. & Louis XII. Ils ont fait voir que le titre mesme de l'union de la Bretagne, empesche que l'Amiral de France, quand sa Charge seroit un Office de la Couronne, put étendre les pouvoirs & les droits d'Amirauté dans la Province de Bretagne. Ils ajoûteront seulement la difference essentielle entre l'union de la Bretagne à la Couronne & les reünions des autres Provinces qui composent le Royame. La plûpart des Provinces ont esté incorporées ou à titre de Conqueste ou à titre de reversion de Fief. C'est à dire, sans aucune condition ny reserve, dans une dependance entiere & absoluë de la France. La Bretagne au contraire est à la France à un titre bien plus avantageux pour cette Province : Elle est à la France librement, volontairement & par élection ; elle a fait ses reserves ; elle a stipulé les conditions essentielles de sa reünion, la conservation de tous ses Privileges, & qu'elle ne seroit pas confonduë avec le reste du Royaume. Il ne faut donc pas que le Sieur Secretaire General de la Marine se flatte, que ce qui peut avoir lieu dans le reste du Royaume, fasse consequence pour la Bretagne. Cette Province a ses prerogatives particulieres qu'on ne peut blesser sans violer la foy des Traitez, & qu'elle a merité par le titre de sa soumission volontaire ; l'une de ces principales conditions estoit, qu'il *n'y auroit aucun changement , meslange , ny mixtion des Charges avec celles de Bretagne , & que ce qui seroit fait pour la France n'auroit aucun effet pour la Bretagne.*

3°. L'exception de la Bretagne par le titre & par les fonctions d'A-miral de France a esté autorisée par nos Rois , par les Lettres patentes de 1588. enregistrées au Parlement de Bretagne & en la Chambre des Comptes & confirmé par la decision de l'Arrest de 1655.

4°. S'il y avoit encore quelque difficulté sur la nature de l'Office d'A-miral de France & sur la pretention de son extention en Bretagne , la possession publique des droits d'Amirauté des Gouverneurs de Bretagne par l'aveu & par l'autorité de nos Rois , qui sera établie sur le troi-siéme point , a expliqué & confirmé cette mesme exception particuliere de la Bretagne.

5°. Les Auteurs mesmes du Domaine que les Commissaires Deputez ont rapporté , en ont fait voir la justice & l'usage.

XLV.

Enfin nous voilà arrivez aux fameuses Lettres patentes de 1544. Si le Secretaire General de la Marine , qui pendant plusieurs années a fait des recherches infi-nies pour recouvrer ce Titre, avoit pû en avoir plutost des nou-velles ; il auroit épargné à Mrs les Commissaires Deputez la peine de former tant de conjectures in-genieuses, tantost pour prouver qu'il estoit *apocriphe* , tantost pour montrer qu'il estoit *impos-sible* , qu'il n'avoit jamais esté, que ce n'estoit qu'un *estre de rai-son* ; Il a crû luy-mesme pendant long-temps , que l'enregistre-ment d'une piece si importante estant perie avec tant d'autres, dans les deux incendies arrivez à la Chambre des Comptes de Paris , & par quelqu'autre acci-dent pareil à la Chambre des Comptes de Nantes & au Parle-ment de Rennes, où l'on n'a pû les trouver ; il luy seroit impos-sible d'en avoir jamais une ex-

XLV.

Le second Titre des Amiraux de France , pour étendre leur autori-té sur l'Amirauté de Bretagne , est une pretenduë Declaration obtenuë par l'Amiral Dannebaut en 1544. par laquelle le Roy François I. a dit ou declaré , qu'au moyen de l'union de la Bretagne à la Couronne , l'A-mirauté de Bretagne a esté jointe à celle de France ; pour en joüir par le Sieur Dannebaut & autres Ami-raux , ainsi que de l'Amirauté de France , le Sieur Secretaire Gene-ral de la Marine en transcrit la dis-position entiere: M. le Duc de Ven-dosme dans son Factum de 1650. y avoit aussi fort insisté comme sur un moyen capital , & l'auroit aussi transcrit toute entiere, mais les ju-stes suspicions qu'on avoit déja con-tre le pretendu titre , & les autres moyens contre les inductions de cette piece , le firent rejetter en effet. C'est un titre suspect mesme entiere-ment apocrife. Le Sieur Secretaire General de la Marine, ne le rapporte point , il n'a aucune datte , il n'y a

aucun

pedition en forme. Mais enfin, lors qu'il s'y attendoit le moins, il en a tiré une du Parlement de Roüen ; elle eſt entre les mains de M. le Rapporteur, où M^rs les Commiſſaires Deputez pourront la voir toute conforme à la copie qui en eſt imprimée dans le Receüil de Godefroy & tranſcrite dans la Requeſte du Secretaire General de la Marine. Il ne s'agit donc plus maintenant d'examiner, ſi ce titre exiſte ou n'exiſte pas ; ſon exiſtence eſt hors de doute. Il faut voir ſeulement s'il eſt auſſi *inutile* que le pretendent M^rs les Commiſſaires Deputez.

aucun lieu d'exprimé comme il l'eſt toûjours dans toutes les Lettres de nos Rois, jamais cette Declaration n'a paru, elle n'a jamais eſté publiée ny enregiſtrée en aucune Compagnie ny au Parlement de Paris, ny en aucune Compagnie de Bretagne, elle n'a jamais eſté executée, ce ne peut eſtre qu'un projet que l'Amiral Dannebault avoit preparé pour tâcher d'étendre ſa Charge ſur l'Amirauté de Bretagne, n'ayant pû obtenir cette Declaration, parce qu'elle auroit donné atteinte à ce que le Roy avoit accordé ſi ſolemnellement douze ans auparavant à ſes nouveaux Sujets de Bretagne. Il n'oſa pas pouſſer plus loin ſa tentative, il laiſſa le Gouverneur de Bretagne en ſa poſſeſſion, auſſi ce n'eſt que quarante ans depuis que l'Amiral de Joyeuſe l'un de ſes ſucceſſeurs, prevenu de ſon credit l'a tenté encore inutilement ; ainſi le projet de cette pretenduë Declaration ne ſert qu'à faire connoiſtre que les Amiraux de France ont toûjours cru qu'il leur eſtoit indiſpenſablement neceſſaire d'avoir un titre authentique pour donner quelque fondement à leur pretention, & que ſans une Declaration expreſſe de nos Rois, il n'y avoit point de pretexte. L'attention qu'ils ont eu de faire inſerer dans leurs Lettres la qualité d'Amiral de Bretagne avec celle d'Amiral de France, en eſt une marque aſſez claire. Ils avoient prevenus toutes les difficultez. Mais ce projet ayant eſté rejetté, perſonne ne s'eſtoit aviſé avant M. de Vendoſme d'alleguer cette pretenduë Declaration. L'Amiral de Joyeuſe luy-meſme ſi attentif à faire valoir les droits d'Amirauté, & qui a eu tant de paſſion de les eſtendre à la Bretagne, n'en a point parlé, c'eſtoit cependant le titre le plus important, & il fut obligé malgré tous ſon credit de chercher des menagemens avec M. de Mercœur Gouverneur.*

Si ce projet de Declaration de 1544. avoit eſté receu, peut-on ſeulement penſer que le Roy Henry III. en 1588. eut donné une Declaration contraire, qu'il l'ait fait en faveur de M. de Mercœur dans le temps qu'il avoit tant de ſujet d'indignation contre luy, à cauſe de ſon engagement avec les Chefs de la Ligue qui déchiroient l'Eſtat ? c'eſt à dire dans un temps ſi peu favorable pour la Bretagne. C'eſt cependant dans ce meſme temps que Sa Majeſté donna ſes Lettres patentes en 1588. en faveur du Gouverneur, publiées & enregiſtrées par tout. L'auroit-t-il fait contre la Declaration de 1544. qui auroit eſté auſſi expreſſe & qui auroit étably une Loy contraire ?

* Cette Declaration porte preciſement que l'Amiral n'a pas beſoin d'autre titre que de celuy de ſa Charge.

D d

Cette pretenduë Declaration de 1544. n'est rapportée par aucun Auteur, si ce n'est dans le sixiéme Livre de l'Hydrographie de Fournier c. 11. où il est dit, qu'en 1517. François I. par Declaration expresse, incorpora l'Amirauté de Bretagne à celle de France, mais quelle foy peut-on ajoûter au témoignage si suspect d'un Auteur qui rapporte en 1517. la datte d'une Declaration au temps où la Bretagne n'estoit pas encore unie à la Couronne, ne l'ayant esté qu'en 1532. Il estoit donc impossible que quatorze ans auparavant cette union, l'Amirauté de Bretagne eut pû estre incorporé à l'Amirauté de France; aussi le seul pretexte du Sieur Secretaire General de la Marine est cette union, d'ailleurs les Provisions d'Amiral de Bretagne, données au Sieur Chabot de Brion en 1526. par le Roy François I. en qualité d'Usufruitier & Administrateur du Duché de Bretagne, que Fournier & le Sieur Secretaire General de la Marine font l'auteur de cette Declaration en faveur de l'Amiral Dannebaut, detruisent evidemment la disposition de cette Declaration, que cet Auteur date de 1517.

*M. le Duc de Vendosme en 1650. & le Sieur Secretaire General de la Marine convaincus par cette evidence, ont dit que cette Declaration avoit esté enregistrée au Parlement de Bretagne en 1544. sans faire reflexion * que le Parlement estably en cette Province n'avoit esté créé que plus de 7. ans aprés.*

Le deffaut d'execution de ce pretendu titre, & la possession contraire des Gouverneurs de Bretagne, des droits d'Amirauté à l'exclusion des Amiraux de France, aussi bien que depuis la datte de cette Declaration de 1544. qu'auparavant depuis l'union est encore une preuve de la juste suspicion de ce pretendu titre, la fermeté avec laquelle les Gouverneurs ont soûtenu leur possession contre les tentatives & l'usurpation des Amiraux de France le persuade encore.

*Enfin le fait mesme de l'Amiral Dannebault qu'on veut avoir obtenu cette Declaration, fait tout à fait douter de la foy de ce titre. En effet si cette Declaration avoit esté veritable, que le Roy eut fait une loy aussi expresse contre le Gouverneur de Bretagne, en faveur de l'Amiral Dannebault, cet Amiral auroit-t-il abandonné ses droits, pour la conservation desquels il auroit obtenu une Declaration aussi precise? ne s'en seroit-t-il pas servy pour l'opposer à M. Destampes, qui faisoit lors en qualité de Gouverneur toutes les fonctions d'Amirauté dans la Province, qui ordonnoit les armemens de Mer, suivant les Ordres qu'il en avoit receu du Roy Henry II. Il y a si peu d'apparence que l'Amiral Dannebault eut obtenu la Declaration de 1544. pour attribuer sous pretexte de l'union de la Bretagne, celle de l'Amirauté de cette Province, à sa Charge d'Amiral de France, qu'ayant receu Ordre du Roy pour * transporter par Mer cinq cens tonneaux de bled hors la Province de Bretagne, il ne le fit, & ne le voulut faire sans prendre l'attache du Gouverneur, il n'auroit pas eu sans doute cette deference pour M. Destampes qui estoit lors Gouverneur, s'il l'avoit pû faire de son chef & de son autorité, & que ses pouvoirs d'Amiral de France eussent eu leur étenduë en Bretagne.*

Note marginale gauche:

* Messieurs les Commissaires Deputez ont ils oublié que les Grands Jours de Bretagne s'appelloient PARLEMENT en 1492 & que c'est là qu'on enregistroit les Declaratiõs des Rois & tous les ordres qui venoient d'eux. C'est pourtant dãs le premier Article de leurs Privileges rapportez par Dargentré que cela est expliqué & le Greffe de ces sortes d'Assemblées n'ayant pas esté conservé lors que l'on établit un Parlement à Rennes, il n'est pas étonnant que l'on ne puisse rapporter l'enregistrement de cette Declaration.

Note marginale droite:

☞ * C'est inutilement que le Sieur Secretaire General de la Marine pour * eluder la force de la preuve que les Commis...

faires Deputez tirent de ce fait, dit dans sa Requeste que le transport des bleds hors la Province, ne peut regarder uniquement que le Gouverneur, & que les Amiraux n'ont jamais compté entre leurs fonctions, le pouvoir de faire sortir les bleds hors des Provinces Maritimes, car à la verité le transport des bleds a quelque chose de mixte, il peut regarder la terre d'où ils sont tirez, & en cela il n'y a rien de commun avec l'Amirauté, il peut aussi regarder la Mer par où on les sort, & les Vaisseaux dans lesquels on les transporte, & c'est un fait de Marine pour lors, & un espece de Commerce, sur lequel la Jurisdiction de l'Amirauté peut s'estendre, c'est dans ce second cas que les ordres & l'attache donnez par M. Destampes, pour le transport des bleds hors la Bretagne, peuvent establir le droit d'Amirauté dont il joüissoit dans la Province.

Il est en verité tres-étonnant que Messieurs les Commissaires Deputez ayent voulu insister sur cet endroit, & soûtenir que c'est un droit d'Amirauté que de faire sortir les bleds d'une Province Maritime sans la permission du Gouverneur, on peut les assurer du contraire, & cela ne merite pas d'estre prouvé.

X L V I.

Ils disent que cette *attribution des droits d'Amirauté* en Bretagne n'auroit pû estre donnée à l'Amiral Dannebault par François I. *sans le consentement des Estats*, mais qu'ils prennent la peine de considerer qu'il ne s'agissoit point *d'une nouvelle attribution*, qu'ils examinent avec un peu d'attention, cet Acte, qu'ils ne sçauroient plus regarder comme chimerique, & ils verront que quelque peu d'usage qu'en ayent fait les successeurs de l'Amiral Dannebault, par la negligence de ceux sur qui ils se reposoient du soin de leurs affaires. Ces Lettres ne laissent pas de decider aujourd'huy la question aussi absolument & aussi precisement, que si elles avoient esté données exprés pour le procés qui est à juger aujourd'huy, en voici la preuve. En 1525. le 20. Mars, le Sieur Chabot Brion est nommé Amiral de France par François I. trois jours aprés, il est nommé Amiral de Bretagne, par des Provisions distinctes & separées.

Il exerce ces deux Charges differentes en 1532. qui est le temps de la reünion. Alors il cesse absolument d'estre Amiral de Breta-

X L V I.

Il n'est pas necessaire aprés cela d'observer que ce pretendu titre seroit encore inutile, parce que cette attribution pretenduë de l'Amirauté de Bretagne à l'Office d'Amiral de France, n'auroit pû luy estre donné sans la participation des Estats & du Gouverneur de Bretagne au préjudice des Privileges de la Province, d'autant moins que François I. n'estoit qu'Usufruitier & simple Administrateur suivant l'enoncé mesme de ce pretendu titre, & que c'estoit M. le Dauphin qui en estoit le Proprietaire, & auquel les droits d'Amirauté appartenoient comme ils ont toûjours appartenus aux Ducs de Bretagne.

Le troisiéme titre des Amiraux de France, pour étendre leurs pouvoirs sur l'Amirauté de Bretagne, est l'enregistrement de plusieurs Provisions des Amiraux au Parlement de Bretagne sur la presupposition que leurs Offices s'étendoient également en cette Province, & que la consideration que quelqu'une mesme des Provisions de leur Charge d'Amiral porte la clause d'Amiral de France & de Bretagne.

Les Commissaires Deputez soutiennent au contraire, que bien loin que ces reflexions sur les Provisions

gne, il ne fait plus aucune fonction en cette qualité, qu'il efface mesme de tous ses titres, ainsi c'est uniquement comme Officier de la Couronne, qu'il exerce les fonctions d'Amiral de France en Bretagne jusques en l'an 1543. qui est le temps de sa mort.

Le cinquiéme Fevrier de cette mesme année, le Roy, fait expedier des Provisions d'Amiral

d'Amiraux de France servent à établir leur droit, il ne faut que la derniere partie de la proposition du Sieur Secretaire General de la Marine dans l'établissement de ce titre pour détruire absolument sa pretention. L'enregistrement des Provisions des Amiraux au Parlement de Bretagne ne fait aucune consequence pour oster les droits d'Amirauté aux Gouverneurs.

de France en faveur de l'Amiral Dannebault, pour en joüir comme en avoit joüi l'Amiral Chabot. Godefroy assure qu'elles furent enregistrées au Parlement, ou aux Grands Jours de Bretagne le 13. Mars suivant, quoy que l'on n'ait pû avoir l'enregistrement.

Dés la mesme année l'Amiral Dannebault desirant, comme il est expressément porté dans l'Ordonnance de 1543. *qu'on ne luy pût imputer d'avoir entrepris au delà de son dû & Office, tant pour les droits & autoritez, que pour la jurisdiction & connoissance de sa Charge,* demande au Roy, *qu'il luy plaise expliquer ses intentions sur tous ces points.*

C'est sur cela qu'intervint la fameuse *Ordonnance de 1543.* dont on a rapporté les principaux Articles dans le premier Memoire.

Dés l'année suivante on fit quelques difficultez à l'Amiral Dannebault, non pas sur les fonctions * de sa Charge qu'il exerçoit en Bretagne ; cela ne paroist point, mais seulement sur ce qu'il avoit obmis de faire specifier dans ses Provisions la qualité particuliere, *d'Amiral de Bretagne.*

Dannebault eut encore recours au Roy, pour sçavoir ses intentions là-dessus.

Voilà donc une question bien simple & bien nette, & dans laquelle les Estats demandoient bien moins qu'ils ne demandent aujourd'huy. Il s'agissoit de sçavoir, si la seule qualité *d'Amiral de France emportoit celle d'Amiral de Bretagne,* en vertu de la reünion qui avoit esté faite douze ans auparavant ; ou si au contraire, en vertu de cette mesme reünion & des Privileges accordez à la Province, la Charge d'Amiral de Bretagne avoit esté conservée, *distincte & separée de celle d'Amiral de France, & s'il estoit besoin d'avoir des Provisions particulieres pour l'exercer.* Il ne s'agissoit point des Gouverneurs, & l'on n'avoit pas encore decouvert, qu'au défaut de l'Amiral de Bretagne supprimé, les droits d'Amirauté leur avoient esté transportez de *plein droit.*

Personne n'estoit plus propre à juger cette question, que François I. non seulement comme Roy, par son pouvoir souverain,

mais

mais parce qu'ayant luy-mefme fait la reünion & accordé les Privileges , de l'interpretation defquels on eftoit en peine ; il n'y avoit que luy qui en pût avoir la veritable intelligence.

Car , comme des Privileges accordez par le Souverain , n'ont point d'autres regles que l'intention du Souverain qui les accorde, ils ne peuvent auffi jamais avoir de plus feur interprete que le Souverain mefme qui les a accordez , lors que l'on peut le confulter.

La queftion dont il s'agit aujourd'huy , a donc efté pleinement decidée pour toûjours & fans aucun retour , lors que François I. a declaré fi folemnellement.

1°. *Qu'il n'eftoit point befoin que l'Amiral de France prit dans fes Provifions , la qualité d'Amiral de Bretagne.*

2°. *Que fous le Titre d'Amirauté de France , a efté , & eft toûjours comprife celle dudit Pays de Bretagne.*

3°. *Que pour obvier aux doutes que l'on pourroit faire là-deffus , le Roy a voulu declarer fon intention.*

4°. *Que fon intention eft , qu'en donnant audit Amiral Dannebault ladite Amirauté de France , il a entendu que celle dudit Pays de Bretatagne y eut efté & duë eftre comprife.*

5°. *Qu'entant que befoin eft , ou feroit , il unit & incorpore ladite Amirauté de Bretagne à ladite Amirauté de France , pour n'eftre plus à l'avenir qu'une mefme chofe , & en joüir ainfi , le Sieur Dannebault & fes Succeffeurs.*

Voilà donc les Privileges de Bretagne bien clairement expliquez au fujet de l'Amirauté de cette Province , & par celuy qui feul avoit droit de les expliquer , quand toutes les Ordonnances & tous les Arrefts qui ont efté rendus , depuis 1544. jufques à prefent fur le fait de la Marine , feroient contraires à la pretention des Amiraux de France , on feroit en droit fur ce titre feul d'en demander & d'en efperer aujourd'huy la revocation.

<table>
<tr><td>

X L V I I.

Toutes ces reflexions font abfolument détruites par les Lettres patentes de 1544. dont on vient de parler.

</td><td>

X L V I I.

1°. La diftinction importante qui fera relevée dans la fuite entre le pouvoir general d'Amiral de France pour la conduite des Armées Navalles & les droits d'Amirauté &

</td></tr>
</table>

Armement particuliers en Bretagne , fait connoiftre qu'il y peut avoir des raifons publiques pour la neceffité de cet enregiftrement par rapport au droit d'Amirauté en general independamment de ce qui regarde en particulier la Province de Bretagne.

2°. Les Amiraux de France ont affecté de faire cet enregiftrement au Parlement de Bretagne en des temps difficiles dans lefquels il y avoit des raifons pour lefquelles le Gouverneur n'eftoit pas en eftat de défendre fes droits.

3°. Les modifications du Parlement de Bretagne & la resistance des Estats de la Province ont empesché l'effet que le Sieur Secretaire General de la Marine en veut appliquer en faveur des Amiraux.

4°. Malgré l'affectation de cet enregistrement les Amiraux n'en ont pas plus étendu leurs pouvoirs de la Charge d'Amiral de France sur l'Amirauté de Bretagne, & les Gouverneurs sont toûjours également demeurez en leur possession.

5°. La diversité des Provisions de la Charge d'Amiral de France suivant les differentes conjonctures des temps pour ce qui regarde la Bretagne, fait connoistre l'incertitude & la foiblesse de leur pretendu droit.

6°. Le seul titre des Provisions qui ont ajoûté à la qualité des Amiraux de France les mots (& de Bretagne) font voir indubitablement que cette Charge d'Amiral de France ne renferme pas par le titre de cet Office les droits d'Amirauté de la Bretagne, puis qu'ils ont eux-mesmes estimé necessaire d'y faire inserer cette condition (& de Bretagne) se prevalans des conjonctures favorables à leur entreprise.

Bien loin que le dernier estat des Provisions des derniers Amiraux serve à étendre leur droit & leurs pouvoirs en Bretagne, elles les détruisent absolument par l'exclusion formelle qui y est contenüe de la Province de Bretagne.

Ce sont les reflexions que les Commissaires Deputez ont à faire sur le troisiéme titre des Amiraux de France.

L'on doit distinguer trois temps & trois differences dans les Provisions des Amiraux de France depuis que la Bretagne a esté soumise à la denomination de France & dans les enregistremens qu'ils pretendent en avoir fait au Parlement de Bretagne.

Le premier temps renferme tous les Amiraux qui ont precedé l'Amiral de Coligny.

Le second temps depuis l'Amiral de Coligny jusqu'à M. de Vendosme en 1650.

Le troisiéme temps comprend les trois derniers Amiraux.

M. le Duc de Vendosme, M. le Comte de Vermandois, M. le Comte de Toulouse.

L'on ne voit point dans le premier temps que les Amiraux de France se soient ingerez ny de faire enregistrer leurs Provisions au Parlement ny en la Chambre des Comptes de Bretagne, ny de faire inserer dans leurs Provisions l'addition, & de Bretagne.

<table>
<tr><td>

XLVIII.

Cette discussion est inutile, les Provisions des Amiraux de France, qui ont esté enregistrées au Parlement de Bretagne font voir que toutes celles qui ne l'ont pas esté l'auroient dû estre. Si l'on ne

</td><td>

XLVIII.

Ce premier temps qui commance à la Duchesse Anne de Bretagne, mariée successivement aux deux Rois Charles VIII. & Loüis XII. comprend l'Amiral de Graville depuis 1486. jusqu'en 1508. l'Amiral

</td></tr>
</table>

rapporte pas tous les enregiftre-mens; C'est que l'on n'a pas eu grand foin de les conferver en Bretagne non plus que les titres que l'on pretend qui eftoient fa-vorables aux Gouverneurs. M^{rs} les Commiffaires Deputez n'en ont pas feulement pû trouver des copies, & quant à ce que di-fent M^{rs} les Commiffaires Depu-tez, *qu'il eft impoffible qu'elles ayent efté enregiftrées au Parlement de Bretagne, puis que ce Parlement n'a efté eftably que vingt années de-puis l'union à la Couronne.* Ils ont oublié qu'en 1492. c'eft à dire, quarante ans avant cette union, on appelloit du nom de Parle-ment les Grands Jours de Bre-tagne, & cela eft porté en termes exprés dans le premier Article de leurs Privileges.

d'Amboife depuis 1508. *jufqu'en* 1517. *l'Amiral Gouffier de Bonni-vet depuis* 1517. *jufqu'en* 1526. *l'A-miral Chabot de Brion depuis* 1526. *jufqu'en* 1543. *l'Amiral Danne-bauld depuis* 1543. *jufqu'en* 1552. *que l'Amiral de Coligny a efté pourveu.*

Il eft cependant important d'ob-ferver que c'eft cet Amiral Danne-bault qu'on dit avoir obtenu les lettres patentes de 1544. *qui éten-doient les droits de l'Office d'Ami-ral en Bretagne, & qui n'ont ja-mais efté que dans l'idée.*

Le fecond temps comprend l'A-miral de Coligny depuis 1552. *juf-qu'en* 1562. *l'Amiral Henry de Montmorency depuis* 1562. *jufqu'en* 1572. *l'Amiral de Savoye de Villars depuis* 1572. *jufqu'en* 1578. *L'amiral de Lorraine de Mayenne depuis* 1578. *jufqu'en* 1582. *l'Amiral de Joyeufe depuis* 1582. *jufqu'en* 1587. *l'Amiral*

d'Epernon depuis 1587. *jufqu'en* 1592. *L'Amiral de la Vallette en* 1592. *l'Amiral de Biron en* 1592. & 1593. *l'Amiral de Brancas en* 1594. & 1595. *l'Amiral de Damville depuis* 1596. *jufqu'en* 1612. *l'Amiral Henry de Montmorency depuis* 1612. *jufqu'en* 1626. *que la Charge a efté fupprimée ou pluftoft dont le titre a efté converty en celuy de Grand Maiftre, Chef & Sur-Intendant General de la Navigation en faveur de M. le Cardinal de Richelieu, continué au Sieur Maillé Brezé en* 1642. *à la Reyne Mere en* 1646. & *à M. le Duc de Vendofme en* 1650. *Il eft impoffible que toutes ces Provifions des Amiraux de France ayent efté enregiftrées au Parlement de Bretagne depuis l'union de la Province de Bretagne à la Couronne, comme on a dit, puifque le Parlement de Bretagne n'a efté étably que vingt ans depuis cette union auffi, il n'y a eu qu'une partie* de tout ces Amiraux, qui puiffent avoir fait enregiftrer leurs Provifions dans ce Parlement.*

Si quelqu'uns les y ont fait enregiftrer elles n'y ont pas efté enregiftrées purement & fimplemeut fans oppofition de la part des Eftats ou des Gou-verneurs, s'il y a eu des Lettres de Juffion, le Parlement de Bretagne y a toûjours fait les reftrictions, & a donné Actes des oppofitions des Eftats de la Province & des Gouverneurs, comme il a efté pratiqué dans le temps de l'Amiral de Joyeufe, & de ceux qui luy ont fuccedé, & qui comme luy ont pris la qualité d'Amiral de Bretagne.

Ainfi l'enregiftrement des Lettres d'Amiral de France dans les Com-pagnies Superieures de Bretagne, ne peut donner aucun titre aux Ami-

raux de France pour avoir les droits d'Amirauté en Bretagne.

Quand ils n'ont point pretendus se donner la qualité d'Amiraux de Bretagne ny joüir des droits d'Amirauté dans cette Province, les Gouverneurs ny les Estats n'ont pû ny dû s'y opposer. La Bretagne estant une des Provinces de V. M. ny refuser de reconnoistre ses Officiers pour en exercer les fonctions en France, pourvû qu'ils ne s'ingerassent point dans celle de Bretagne.

Mais comme ils ont souvent affecté de joindre dans leurs Lettres de Provisions, l'Amirauté de Bretagne avec celle de France, qu'ils en ont poursuivi vivement l'enregistrement en Bretagne dans le dessein de s'emparer de cette qualité & d'exercer ses droits sur cette province; le Parlement de Bretagne qui a sçû penetrer cette veuë & que les Amiraux de France voulans étendre leur Jurisdiction & leur autorité dans les Ports de la Province de Bretagne & qu'ils taschoient de s'arroger l'autorité & la jurisdiction particuliere sur les droits d'Amirauté qui concernoient la Bretagne, & qui auroient toûjours appartenu aux Gouverneurs de cette Province. Il n'a jamais consenty à l'enregistrement; les Estats s'y sont toûjours opposez; ils ont fait leurs remontrances tres-humbles à cet effet.

Cette consideration de l'enregistrement & pretenduë reconnoissance des Provisions des Amiraux de France dans le Parlement de Bretagne, estoit aussi l'un des grands moyens opposé par M. le Duc de Vendosme lors de l'Arrest de 1655. c'est ce qui est escrit dans son Factum. Mais il faut aussi remarquer ce qui y estoit repondu, & qu'il y avoit eu de l'affectation de la part des Amiraux de France, en choisissant des temps qui n'estoient pas favorables aux Gouverneurs, que l'Amiral de Joyeuse qui avoit le premier entrepris, l'avoit fait pendant que M. de Montpensier âgé de 90. ans s'estoit retiré de la Cour; que M. le Prince de Dombes son petit fils, receu en survivance de ce Gouvernement, estoit enfant âgé de sept à huit ans, incapable d'agir. Que les Amiraux de Brion & de Damville avoient aussi fait enregistrer leurs Pouvoirs au Parlement de Bretagne pendant qu'ils sçavoient M. de Mercœur dans la disgrace; de mesme M. de Montmorency prenant le temps que M. de Vendosme se trouvoit engagé dans le party des Princes; que quoy que ses Provisions fussent de 1612. il avoit differé de les faire enregistrer en Bretagne jusqu'en 1615. attendant toûjours un temps favorable pour le faire, les Actes d'opposition des Estats à cette qualité d'Amiral de Bretagne qu'il avoit pris dans ses Lettres & à la prestation de serment & leurs remontrances en 1612. contre l'Arrest du Conseil de 1611. & autres Actes qui seront observez dans le detail des faits de possession, detruisent entierement cette induction de l'enregistrement des Lettres d'Amiraux de France au Parlement de Bretagne.

G. des Amiraux pag. 57.

<table>
<tr><td align="center">X L I X.</td><td align="center">X L I X.</td></tr>
<tr><td>Ces reflexions ne détruisent</td><td>Ces reflexions satisfont à la conpoint</td></tr>
</table>

point la validité des enregiftre-mens.

trarieté que le Sieur Secretaire Gé-neral de la Marine voudroit bien faire croire, qu'il fe rencontre dans les Arrefts du Parlement de Bretagne, fuppofant ces Arrefts favora-bles tantoft aux Amiraux de France, tantoft aux Gouverneurs de Bre-tagne fur le fait de la joüiffance de l'Amirauté dans cette Province, afin de tafcher par cette oppofition apparente, qu'il fe perfuade une obje-Etion infurmontable d'en détruire toute l'autorité, fi concluante pour les Gouverneurs. Mais aprés ce qui vient d'eftre remarqué, le miftere n'eft pas fi difficile à developer (g) le tout peut aifement fe concilier ; car on connoift evidemment que les conjonEtures des affaires changent fouvent les Deliberations des Compagnies, quoy que elles ne changent point leurs fentimens (g) que c'eft felon les temps differents où le Parlement de Bre-tagne a parlé auffi diverfement au fujet des Amiraux de France (g) des Gouverneurs de la Province qu'il faut juger de quel cofté penchoit fon inclination & à qui il a crû plus veritablement que devoient appar-tenir les droits d'Amirauté en Bretagne.

Ces mefmes reflexions fatisfont encore à la qualité d'Amiral de Bre-tagne ajouté dans quelques Provifions des Amiraux de France.

Il y en a peu de tous les Amiraux qui ont efté remarquez, qui ayent fait inferer dans leurs Provifions l'addition, & de Bretagne.

L.

Cela eft tres-peu important, puis qu'il paroift clairement par les Lettres de 1544. que la qualité d'Amiral de Bretagne n'eftoit pas neceffaire dans les Provi-fions des Amiraux de France; & ce n'eft que faute d'avoir eu connoiffance de ces Lettres qu'ils ont pris cette precaution excef-five : Mais cependant on peut affeurer qu'il eft tres-certain, que les Provifions de l'Amiral de Coligny contenoient la qualité d'Amiral de Bretagne; elles font dans le Feron pag. 82. titre de l'Amiral; elles font enregiftrées au Parlement de Paris le 5. De-cembre 1552.

L.

Il eft affez incertain fi celles de l'Amiral de Coligny de 1552. conte-noient la qualité d'Amiral de France (g) de Bretagne, les Auteurs, n'en font aucune mention quoy qu'ils remarquent les autres Amiraux qui l'ont fait inferer dans leurs Let-tres. Le Sieur Pafquier, en fes re-cherches de la France, l. 2. c. 4. rapporte le détail de fa reception, de la requifition faite par le Sieur de Thou de l'enregiftrement de fes Let-tres, du difcours du Sieur Seguier Avocat General fur le mefme fujet, l'Arreft d'enregiftrement, & la re-montrance du Sieur le Maiftre pre-mier Prefident, dans tout cela, il n'y a pas un mot * d'Amiral de Bretagne, ainfi ce n'eft que dans les Provi-

* Ce n'eft pas là non plus où il le faut cher-cher, c'eft dans les Pro-vifions mef-mes, il n'y a qu'à les lire.

fions de l'Amiral de Villars de 1572. de l'Amiral d'Epernon de 1588. de l'Amiral de Biron de 1592. de l'Amiral de Damville de 1596. & de *l'Amiral* Montmorency de 1612. où elles font écrites , elles ne font pas mefme en celles de l'Amiral de *Joyeufe* , qui n'a fait cette adition (*& de Bretagne*) que dans des Lettres pofterieures , pour l'enregiftrement defquelles il a fallu jufqu'à neuf Lettres de juffion au Parlement de Bretagne , parce que les reftrictions qu'il y apportoit rendoient en effet fon pouvoir inutil en Bretague.

Les modifications portées par l'Arreft d'enregiftrement du 6. Septembre 1582. ont efté obfervées , & que ce n'eftoit que pour en joüir ainfi qu'avoient fait les precedens Amiraux qui n'en avoient point en effet joüy , & ce encore fuivant les Coûtumes , Ufances & Privileges du Pays, & fans qu'ils puffent obliger les Marchands trafiquans * de prendre congé d'eux.

Mais il ne faut pas que cette condition d'Amiral de Bretagne dans quelqu'unes des Provifions d'Amiral de France, pour faire voir, que cette Charge ne renferme pas par le feul titre d'Amiral de France , les droits d'Amirauté de Bretagne. Il n'eft peut-eftre pas inutile d'obferver en cet endroit ce qui fe trouve fur ce fujet dans les Regiftres du Parlement à l'occafion de ce que l'Amiral de Villars dans fes Provifions de 1569. y avoit fait inferer la claufe d'Amiral de France &) de Bretagne. Le Sieur Dufaur Avocat General du Parlement de Paris , voulant fignaler fon zele fous les mefmes pretextes que le Sieur Secretaire Genéral de la Marine a alleguez, avoit pretendu qu'il faloit retrancher des Provifions d'Amiral de France, l'addition (& de Bretagne) parce que le mot d'Amiral de France comprenoit, difoit-il, la Bretagne , depuis l'union de cette Province , & avoit requis fur ce fondement , la reformation des Provifions , fes remontrances en avoient arrefté l'enregiftrement. Mais trois ans après le Sieur de Villars ayant obtenu de nouvelles Lettres de confirmation des premieres Provifions dans lefquelles Lettres de confirmation ayant auffi fait inferer les mots (& de Bretagne) le Parlement de Paris ne s'arrefta pas à la difficulté qu'avoit formé le Sieur Dufaur, &) quoy que cette Compagnie attachée inviolablement aux interefts de la Couronne eut fans doute autant & plus de zele pour ne point donner atteinte à fes droits, elle ne toucha point à l'addition (& de Bretagne) fçachant que pour les Privileges particuliers de cette Province , & par les Conditions du Titre de fon union, l'Amirauté de Bretagne n'eftoit pas en effet comprife dans le Titre d'Amiral de France.

Le dernier temps des Amiraux de France comprend les Provifions de M. le Duc de Vendofme de 1650. fous le titre de Chef & Sur-Intendant des Mers qui avoit efté fubrogé au titre d'Amiral. Les Provifions de la Charge retablie en 1669. en faveur de M. le Comte de Vermandois & enfin les Provifions de M. le Comte de Touloufe , bien loin que ce dernier eftat de la Charge d'Amiral de France comprenne la Bretagne, ces trois Provifions confecutives qui fixent ce dernier eftat portent une exclufion formelle de la Bretagne ; après laquelle il eft certain

* Que deviendra l'Arreft pofterieur du même Parlement du 15. Septembre 1598. par lequel il eft défendu à tous Maîtres, Capitaines de Vaiffeaux, de fortir des Ports de Bretagne , fans prendre un Congé de l'Amiral de France ; auquel des deux croira-t'on. La Declaration de 1544. répond à tout cela.

que ce titre des Amiraux tiré de leurs Provifions de la Charge d'Amiral de France eſt entierement contre l'extention que le Sieur Secretaire General de la Marine en veut faire en Bretagne. Les autres titres que le Sieur Secretaire General de la Marine a allegué pour fonder le droit des Amiraux de France, ne meritent pas grande attention, parce que les Ordonnances & Reglemens d'Amirauté n'ont en effet aucune application pour étendre les Pouvoirs de l'Amiral de France à la Bretagne, transferer à cet Office les droits d'Amirauté (x) les oſter au Gouverneur de cette Province; ainſi les Commiſſaires Deputez n'y feront * pas de grande reflexion.

Premierement, il n'eſt peut-eſtre pas inutile d'obſerver qu'auparavant la premiere Ordonnance pour la Marine que le Sieur Secretaire General de la Marine a cotté de 1543. le Roy François I. en avoit fait une particuliere pour la Province de Bretagne & pour celle de Guyenne en 1517. ſur la remontrance du Sieur de la Tremoüille Premier Chambellan & Amiral de Bretagne (x) de Guyenne & que la pluſpart des Articles dont le Reglement eſt compoſé & qui eſt tranſcrit tout entier dans le Receüil de Fontanon ſont inſerez dans les autres Reglemens pour l'Amiral de France.

*C'eſt le plus court & le plus facile quand on n'a pas de bonnes réponſes à y faire. Tom. 3. pag: 14. & ſuivantes.

L I.

Il eſt important de détruire une fois pour toutes la diſtinction que prétendent établir icy M^rs les Commiſſaires Deputez & qui eſt en effet leur dernier retranchement, il ne faut donc pas qu'ils diſent, que lors que les Amiraux de France ont exercé leur Charge en Bretagne, lors que le Parlement a enregiſtré leurs Proviſions, cela ne regardoit uniquement que les Vaiſſeaux du Roy qui ſe trouvoient par hazard dans la Province, mais ſans aucun rapport aux Vaiſſeaux ny au détail particulier de la Navigation & du Commerce de la Province: Car ſi cette diſtinction frivole avoit lieu, que voudroient dire les Lettres Patentes accordées au Cardinal de Châtillon en 1557. par leſquelles il luy eſt permis, *en l'abſence de l'Amiral ſon*

L I.

En ſecond lieu il ſera remarqué dans la ſuite que l'on peut diſtinguer deux ſortes de pouvoirs & d'autorité dans la Charge d'Amiral de France. L'une concerne les Armées Navalles (x) les Vaiſſeaux de V. M. L'autre regarde les Vaiſſeaux & les Armemens particuliers de la Province de Bretagne; l'une par rapport à ce qui eſt general pour le Royaume; l'autre par rapport à ce qui eſt du détail (x) du particulier de la Bretagne; l'une exercée par les Amiraux de France; l'autre exercée par les Gouverneurs de Bretagne. Ainſi les Reglemens generaux pour la Charge d'Amiral, le premier pour le Sieur Dannebaut de 1543. & les autres qui ont ſuivy pour les autres Amiraux de France concernant la premiere autorité, c'eſt à dire, le pouvoir general de l'Amiral de France ſur les Armées Navalles

frere, de donner Congez, Sauf-conduits & tous les ordres neceſſaires, & recevoir les droits d'Amirauté en Bretagne, ainſi que pourroit faire l'Amiral ſon frere s'il y eſtoit preſent en perſonne, Que voudroiët dire en effet tant de Congez donnez, tant de Priſes jugées, tant de Flottes Marchandes équipées, tant de Vaiſſeaux particuliers armez en Bretagne par les ordres & ſous les Commiſſions des Amiraux de France, & à condition de luy payer ſes droits, qui ont eſté rapportez dans le premier Memoire. Que voudroit dire l'Arreſt du Parlement de Bretagne du 23. Novembre 1596. qui en ordonnant l'enregiſtrement des Proviſions de M. de Montmorency Amiral de France, ajoûtent, *qu'elles ſeront publiées dans toutes les Villes & Juriſdictions voiſines de la Mer; ordonne à tous Sujets du Roy de quelque qualité & condition qu'ils ſoient, d'obeïr audit Amiral en ce qui dépend de ladite Amirauté.* Croira-t'on que cet Arreſt ne regardoit point les Bretons ny le dedans de la Province, mais ſeulement que le Parlement avoit jugé à propos de commander aux Capitaines de Vaiſſeaux du Roy d'obeïr à l'Amiral lors qu'il ſe trouveroit en Bretagne? C'eſt comme ſi l'on diſoit, que l'Amiral de France a beſoin d'un Arreſt du Conſeil d'Eſpagne ou d'Angleterre pour ſe faire obeïr ſur les Vaiſſeaux du Roy, lors qu'ils ſont à Cadix ou dans la Tamiſe : Mais quelle réponſe pourroit-on faire à cet autre Arreſt du meſme Parlement de Bretagne du 15. Septembre

& ſur les Vaiſſeaux du Roy, ne peut avoir d'application à la ſeconde autorité qui regarde l'Amirauté de Bretagne en particulier.

En troiſiéme lieu, le Sieur Secretaire General de la Marine pretend fonder l'autorité des Amiraux de France ſur la prétenduë Declaration de 1544. ſous pretexte de l'incorporation des droits d'Amirauté de Bretagne, à la Charge d'Amiral de France. Ainſi l'Ordonnance de 1543. faite uniquement pour les droits d'Amirauté de France, ne pouvoit avoir aucune application à la Bretagne.

Il a eſté répondu à l'addition pretenduë faite dans les Proviſions de l'Amiral de Coligny en 1552. de la qualité d'Amiral de Bretagne, & ce fait qui ne feroit d'ailleurs aucune conſequence en faveur des Amiraux, & qui milite au contraire contre leur principal titre qui eſt la ſeule conſideration que la Charge d'Amiral de France n'eſt pas étably.

Les Lettres accordées au Cardinal de Chatillon en 1557. pour faire les fonctions d'Amiral de France en l'abſence, & cependant la priſon de l'Amiral Coligny ſon frere ſont fort inutile, elles ne luy donnent autre pouvoir que ceux qu'avoit ſon frere par ſes Proviſions; auſſi le Cardinal de Châtillon n'a jamais fait fonction d'Amirauté en Bretagne en vertu de ces Lettres.

Il ne peut y avoir eu de Lettres en 1559. pour l'Amiral de Villars puis qu'il n'a eſté Amiral qu'en 1572. il eſt vray qu'il avoit eu de premieres Lettres non pas en 1559. mais en 1569. la remontrance du Sieur Dufaur Avocat General du Parlement de Paris au ſujet des

Lettres

1598. qui attend à tous *Maiftres & Capitaines de Vaiffeaux, de fortir des Ports fans Congez de l'Amiral de France*. On ne pourra pas dire affeurement que cela ne regarde que les Vaiffeaux du Roy. Il faut donc convenir que la diftinction que l'on a voulu faire dans cette occafion, eft fans aucun fondement, pour ne rien dire de plus fort, & que toutes les fois qu'il a efté queftion de l'autorité de l'Amiral de France en Bretagne, foit qu'elle fut bien fondée ou non, il ne s'eft jamais agi que d'une autorité telle qu'il l'a dans toutes les autres Provinces du Royaume.

Lettres de 1569. pour la reformation des Provifions, en ce que l'addition de Bretagne ne devoit point y eftre faite à caufe de l'union de cette Province à la Couronne n'a point eu d'effet, puifqu'elle a efté repetée dans les fecondes Provifions de 1572. & que le Parlement de Paris n'a point fuivy cette remontrance.

Si ces Lettres pour l'Amiral de Villars ont efté enregiftrées au Parlement de Bretagne en vertu des Lettres de juffion, ce qui ne paroift pas, l'oppofition perpetuelle des Eftats & du Gouverneur de la Province marque leur refiftance refpectueufe, ayant fait leurs tres-humbles remontrances que nos Roys ont

favorablement écoutez, puifqu'en 1588. aprés que l'orage excité par le credit extraordinaire d'un favory a efté diffipé, ils ont declaré le droit legitime des Gouverneurs, qu'ils ont confirmé en 1609. & renouvellé en 1655 par fon Arreft, en un mot dans tous les temps que les Amiraux ont voulu faire des mouvemens.

L I I.

Ces Declarations fubfiftent pourtant; elles n'ont jamais efté revoquées. Il faudroit pour cela d'autres Declarations, d'autres Edits, qui y dérogeaffent nommément, & ce n'eft pas les détruire que de s'en prendre à *la malheureufe deftinée de M. de Mercœur*, ou de dire que c'eftoit *le temps de l'entreprife des Amiraux de France.*

L I I.

C'eft ce qui répond aux Declarations de 1582. 1584. & 1596. c'eftoit le temps de l'entreprife des Amiraux de France contre le droit & la poffeffion legitime des Gouverneurs qu'ils ont confirmé. Si dans ces Declarations qu'ils obtenoient des Roys en general, pour ce qui regardoit les fonctions de l'Amirauté de France, ils y ont fait gliffer les mots, & de Bretagne,

quoyqu'il ne foit fait aucune mention des droits d'Amirauté de cette Province, dans ces Declarations l'on en voit évidemment l'affectation, les Declarations particulieres pour la Bretagne en 1588. & en 1609. qui font pofterieures, détruifent precifement toutes ces qualitez, elles ont efté leuës, publiées & enregiftrées au Parlement & à la Chambre des Comptes de Bretagne.

M. de Mercœur a publiquement joüi des droits d'Amirauté de la Province. Si en 1596. en vertu des Declarations obtenuës par l'Amiral de

Que ne di-roit-on point touchant l'E-stat où estoit M. de Ven-dosme au temps de l'Arrest de 1655. si l'on avoit l'art & l'éloquence M^{rs} les Com-missaires De-putez pour faire valoir les moindres choses.

** On a déja remarqué ailleurs que cette Decla-ration de 1609. ne re-garde pas seulement l'Amiral de France, & qu'elle n'est donnée que contre les Gouverneurs & les Offi-ciers parti-culiers de la Province, ainsi elle ne fait rien à la question, & l'on ne doit point crain-dre de le re-peter, puis-que M^{rs} les Commissai-res Deputez ne craignent point de s'en servir si sou-vent.*

*Damville, il a eu quelqu'avantages sur M. de Mercœur Gouverneur de la Province. Il est public que ce n'a esté que par la fatalité de la con-joncture des temps, à cause de la malheureuse destinée de M. de Mer-cœur, qui ayant esté engagé dans les guerres de la ligue & n'en estant pas encore tout à-fait sorti, avoit eu la disgrace de perdre la confiance du Roy Henry le Grand. C'est ce que l'evenement justifie parfaitement: parce que M. de Mercœur n'eut pas plûtost donné sa demission de sa Charge de Gouverneur de Bretagne en faveur de M. de Vendosme, que par le titre mesme des Provisions du Gouvernement de Bretagne pour M. de Vendosme qui est de 1598. c'est-à-dire deux aprés les declarations de 1596. les droits de l'Amirauté de Bretagne sont specifiquement em-ployez, ce qui a esté encore confirmé par une Declaration particuliere en 1609 expresse à ce sujet. Le Sieur Secretaire General de la Marine de-voit se contenter de cette Declaration * authentique.*

*Les Edits de 1651. & de 1611. dont le Sieur Secretaire General de la Marine a pretendu se prevaloir, n'ont aucune application aux fonctions d'Amirauté de la Bretagne & ne regardent que quelques Compagnies pour les Indes, * sur lesquelles ny sur les armemens necessaires pour cet Establissement, les Gouverneurs de Bretagne n'ont point pretendu exer-cer les droits d'Amirauté.*

*L'Arrest du Conseil de 1622. que le Sieur Secretaire General de la Marine a allegué portant Mandement au Sieur de Villemont Intendant de l'Amirauté de France, de delivrer un Congé pour un Vaisseau de la nouvelle France qui estoit dans les Ports de Bretagne, concerne le fait de possession; le motif apparent de cet Arrest, est que s'agissant d'un Vaisseau étranger appartenant à une Communauté, on le considere comme un Vaisseau du Roy qui n'estoit point venu dans les Ports de Breta-gne, que pour prendre des rafraichissemens ou pour le radoub; d'ail-leurs c'est presque le seul Passeport * que les Amiraux de France ayent donné depuis l'union du Duché jusqu'à present.*

** Etablies en Bretagne & par des Bretons, cela est difficile à concilier avec le systè-me de M^{rs} les Commis-saires Depu-tez.*

** Si les Greffes a-voient con-servé leurs Registres, on en ver-roit un grand nom-bre.*

TROISIE'ME POINT.

Possession des Gouverneurs.

L I I I.

Tout cecy a déja esté refuté plusieurs fois; ainsi on ne s'y arrestera pas plus long-temps.

L I I I.

Les Commissaires Deputez ont dit dés l'entrée que cette partie de l'affaire qui consistoit dans l'éta-blissement des faits de la possession continuelle des Gouverneurs de Bretagne dans les droits d'Amirauté, les devoit engager & dans l'Histoire de la Province de Bretagne par rapport aux droits d'Amirauté principalement depuis le Mariage de la Reine Anne de Bretagne qui a apporté cette Province, & l'a jointe au

patrimoine de la France & dans la connoiſſance des Amiraux de Bretagne dont les droits ont eſté tranſmis aux Gouverneurs de cette Province depuis qu'elle fait partie du Royaume meſme aux Lieutenans Generaux au Gouvernement en l'abſence des Gouverneurs, & enfin dans
le détail des Amiraux de France par rapport & par application à l'A-
mirauté de Bretagne.

Mais auparavant d'entrer par les Commiſſaires Deputez dans tous
les faits de poſſeſſion, ils ont eſtimé neceſſaire d'en donner d'abord une
idée generale, & de faire quelques reflexions, premierement ſur les
grands faits de la poſſeſſion des Gouverneurs. En ſecond lieu ſur quelques actes de poſſeſſion articulez par les Amiraux de France, parce que
par ce paralelle V. M. jugera de la preference neceſſaire en faveur des
Gouverneurs.

La principalle reduction & les conſequences des faits de poſſeſſion
des Gouverneurs ſont.

1°. Que lorſque la Bretagne a eſté poſſedée par ces Ducs qui avoient
le droit de Souveraineté, & pendant le Mariage de la Reyne Anne avec
les Roys Charles VIII. & Louis XII. les Amiraux de France n'ont
exercé & n'ont pretendu exercer aucuns droits d'Amirauté en Bretagne.

2°. Que depuis l'union de la Bretagne au Domaine de la Couronne,
les Amiraux de France ayant voulu faire quelque entrepriſe, dont la
tentative n'a commencé* qu'en 1582. du temps de l'Amiral de Joyeuſe
ſous pretexte de ſon credit ſous le Regne d'Henry III. Les Gouverneurs de Bretagne & les Eſtats de la Province s'y ſont oppoſez avec
vigueur.

* On a tres-clairement demontré le contraire.

3°. Que les Amiraux de France n'avoient garde de reüſſir dans cette
entrepriſe ſur les droits d'Amirauté dans la Province de Bretagne, parce
qu'ils ne pouvoient meſme avoir cette autorité que par le conſentement
des Eſtats ſuivant l'Art. premier* du traité de la Reyne Anne de Bretagne,
& que l'on ne pretend pas que les Eſtats y ayent conſenty, ayant au
contraire perpetuellement reclamé, que nonobſtant ces premiers mouvemens contre le droit & la poſſeſſion des Gouverneurs, ils n'ont pas laiſſé
de s'y maintenir, ſoutenus par la juſtice & par l'autorité de nos Roys.
Les Commiſſaires Deputez entreprendront en détail les Actes dans leur
Chronologie, ils les ont déja touchez dans les Epoques principales qu'ils
ont marqué dés l'entrée.

* Il n'y a point de traité qui porte ce non, il en faut rappor-ter les ter-mes.

4°. Que l'entrepriſe de l'Amiral de Joyeuſe n'a pas eſté ſoutenuë
long temps, & dés le moment que ce favory n'a plus eſté, le droit &
la poſſeſſion des Gouverneurs, qui ont repris leur premiere vigueur, &
ont eſté confirmez par les Lettres Patentes de 1588.

5°. Que l'Amiral Damville profitant depuis de la diſgrace de M. de
Mercœur Gouverneur, & ayant obtenu ſous pretexte quelques Declarations en 1596. avoit encore excité de nouveaux mouvemens, quoy que
dans les Proviſions des Gouverneurs de Bretagne données à M. de Vendoſme les droits d'Amirauté de Bretagne euſſent eſté ſpecifiquement em-

ployez , & M. de Vendosme ayant esté pourveu du Gouvernement dans le temps qu'il estoit encore enfant , pour prevenir les nouveaux efforts des * Amiraux de France , qui par l'importance de leur Charge & par l'autorité de la Maison de Montmorency en laquelle estoit cet Office , ont toûjours eu un credit extraordinaire , le Roy voulut confirmer le droit & la possession des Gouverneurs par une Declaration expresse de 1609. afin qu'il n'y ait plus de pretexte d'en douter.

*Il n'y a qu'à la lire pour voir qu'il n'estoit pas seulement mention des Amiraux de France.

6°. Que neantmoins M. de Montmorency ne laissa pas d'exciter de grands mouvemens pour troubler la pretention des Gouverneurs ; qu'il obtint mesme au Conseil quelques Arrests de Provision , se prevalant de la foiblesse de l'âge & du défaut des défenses de M. de Vendosme. Mais que les Estats de Bretagne s'estant plaints , le Roy sur leurs tres-humbles remontrances , declara en 1613. qu'il ne vouloit pas que sa Province de Bretagne fut surchargée ny d'aucunes creations d'Officiers d'Amirauté , ny de nouveaux droits , ce qu'il declara encore en 1626. au sujet de la suppression de la Charge d'Amiral de France , afin que sous pretexte de nouvelle creation on ne pretendit pas troubler les Gouverneurs en leur possession.

7°. Qu'en 1625. les Estats de Bretagne ont marqué qu'ils ont toûjours esté fort jaloux avec grande raison de la conservation des droits de l'Amirauté & de leurs Privileges sur cet article , ayant pris des mesures contre les Gouverneurs de Bretagne aussi bien que contre les Amiraux de France , dés le moment qu'ils ont soupçonné qu'ils vouloient faire quelqu'innovation à cet égard ; Ils firent pour cet effet en 1625. une deputation solemnelle vers le Duc de Vendosme , pour le prier de declarer s'il pretendoit avoir d'autres droits que ceux dont ses Predecesseurs avoient joüy.

* Voyez les premiers Memoires des Commissaires Deputez , dans l'endroit qui concerne l'établissement de M. de Vendosme dans le Gouvernement de Bretagne, où cette Declaration est rapportée, & où il est traité plus amplement de tout ce qui le regarde.

Le principal motif de leur inquietude estoit fondé sur ce que les Amiraux de France ayant voulu établir des Juges particuliers pour les affaires de la Marine , ils craignoient que M. de Vendosme ayant les droits d'Amirauté en Bretagne en qualité de Gouverneur , ne voulut entreprendre la mesme chose ; ce qu'ils ont toûjours regardé comme un article contraire à leurs Privileges : Mais M. le Duc de Vendosme les assura en leur donnant une * Declaration authentique qui fut enregistrée au Greffe des Estats & qui porte , que bien loin de vouloir attenter aux droits de la Province , il employeroit tout son credit & son autorité pour les y maintenir.

8°. Peu de temps aprés , dans la conjoncture facheuse pour les interests de la Province à cause de l'autorité de M. le Cardinal de Richelieu qui estoit pourvû de la Charge de Grand Maistre , Chef & Sur Intendant General des Mers ; les Estats & le Parlement de Bretagne ne laisserent pas d'apporter de la resistance & des restrictions aux nouveaux droits , & que leur attribution estoit precisement renfermée dans la seule personne de ce Ministre.

9° Que l'orage estant dissipé & le temps devenu plus calme , la Province & le Gouverneur de Bretagne estoient demeurez en possession paisible
sible

fible des droits *&* des fonctions d'Amirauté *&* que M. de Vendofme n'ayant plus efté Gouverneur de Bretagne eftant devenu Amiral fous le nom *&* le mefme titre de Sur-intendant des Mers *, s'eftant voulu mettre dans cette qualité en poffeffion des mefmes droits d'Amirauté qu'il avoit eu comme Gouverneur, les Eftats de la Province s'y eftant oppofez l'Arreft de 1655. avoit condamné fa pretention, luy avoit fait défenfe d'y troubler les Gouverneurs.

*Il n'eftoit point Officier de la Couronne, ainfi quand l'Arreft de 1655. feroit contradictoire, il ne pourroit être allegué contre la Charge d'Amiral de France.

Voilà l'idée generale *&* le precis des faits de poffeffion des Gouverneurs qui feront plus particulierement expliquez dans la Table Chronologique des Commiffaires Deputez.

A l'égard des pretendus actes de poffeffion de M^r les Amiraux de France, l'on y peut auffi faire quelques reflexions generales auparavant que d'entrer dans le détail des faits particuliers, les Commiffaires Deputez eftiment mefme qu'elles feroient fuffifantes, parce qu'elles renferment des réponfes precifes aux trois chefs principaux de la poffeffion des Amiraux de France, dans lefquels le Sieur Secretaire General de la Marine reduit toute la preuve de la poffeffion dans la feconde partie de fa Requefte.

La premiere reflexion generale eft, qu'aucun des Amiraux de France avant M. de Joyeufe beaufrere *&* favory du Roy Henry I I I. n'ont troublé les Gouverneurs de Bretagne dans la perception des droits d'Amirauté dans la Province.

On a prouvé le contraire.

Les Commiffaires Deputez ont affez relevé la confequence de cette premiere obfervation dans l'établiffement du troifiéme titre des Gouverneurs de Bretagne, où ils font voir, que ce qui s'eft fait en faveur de l'Amiral de Joyeufe ne peut faire aucune confequence, parce qu'on n'eft plus dans ces temps difficiles, où la faveur l'a quelquefois emporté fur la juftice, *&* dont l'ouvrage a dans la fuite efté condamné comme a efté l'entreprife de l'Amiral de Joyeufe par les Lettres de 1588.

La feconde reflexion, eft que les Amiraux de France qui ont voulu anticiper fur les droits d'Amirauté de Bretagne, ont bien connu qu'ils ne le pouvoient fur le feul titre d'Amiral de France, puifqu'ils ont efté obligez nonobftant leur credit extraordinaire de faire gliffer dans leurs Provifions la qualité de Bretagne, eftimant qu'en joignant ces deux titres ils pourroient donner quelque couleur à leurs injuftes pretentions. Mais leurs efperances n'ont point encore eu le fuccez dont ils s'eftoient flattez.

Les Lettres de 1544. difent que cela n'a jamais efté neceffaire.

L I V.

Le contraire a efté folidement prouvé & pour ce qui regarde les Congez & les Paffeports, il n'y a qu'à confulter l'Arreft du Parlement de Bretagne du 15. Septembre 1598.

L I V.

La troifiéme reflexion eft, que quelque poffeffion d'acte ou de qualité d'Amiral de France, que les Amiraux fe font quelquefois ingerez de faire en Bretagne, ils n'ont point fait les fonctions d'Amirauté en cette

Province, parce qu'ils n'en avoient ny le pouvoir ny l'autorité, & qu'au-contraire les Commissaires Deputez justifient que les Gouverneurs y ont fait toutes les fonctions d'Amiral en donnant les Congez, les Passeports; en ordonnant & faisant faire les armemens pour la garde de leurs Costes ordonnez par les Roys Predecesseurs de V. M. & par V. M. glorieu-sement regnante en faisant des armemens particuliers sur mer suivant les titres qu'ils en recevoient en percevant tous les droits d'Amirauté de la Province sans que les Amiraux de France ayent fait aucune de ces fonctions, ny par eux, ny par leurs Commis, sinon dans le temps des usurpations de l'Amiral de Joyeuse & en d'autres temps malheureux que les Gouverneurs se sont trouvez engagez en des interests opposez à leur devoir, & qui leur avoit fait perdre la confiance qu'on avoit en eux.

Il n'y a nulle preuve de ce que l'on avance icy.

Aussi dans tous les Comptes arrestez par les Amiraux de France & rap-portez dans le Memoire du Sieur Secretaire General de la Marine, il n'y en a point qui contienne aucune dépense qui regarde ou les armemens particuliers de la Province, ou la garde de la Coste, & enfin aucune fonction d'Amirauté en Bretagne, l'on ne voit point qu'on y fasse re-cette d'aucun droit d'Amirauté de la Province, il ne se trouve point aussi dans aucun de ces Comptes, que les Capitaines, que les Lieutenans garde-costes de la Province, que ceux qui devoient visiter les Navires & Vaisseaux entrans & sortans de ces portes y soient employez, ny par consequent que les Amiraux de France ayent jamais pourveu à ces Charges & à ces Commissions.

L V.

Il faudroit pour cela, avoir les comptes particuliers des receptes & dépenses domestiques des Amiraux de France, qui ne sont pas venuës jusqu'à Nous, car il n'est pas d'usage, qu'on fasse mention de ces sortes de droits dans les comptes du Roy, qui doivent estre portez à la Chambre des Comptes, mais il est toûjours aisé de trouver la preuve certaine de la plus importante partie de ces droits qui sont *les dixiéme des prises* en examinant les *Commissions & les Jugemens* tant de fois citez, qui en font *une reserve expresse au profit de l'Amiral de France.*

L V.

C'est neanmoins ce que l'on devoit justifier pour les Amiraux dans les termes de tous les Comptes dont parle le Sieur Secretaire General de la Marine, que dans les Armemens particuliers qui ont esté faits, ou pour la Province, ou pour les par-ticuliers de la mesme Province, ils eussent du moins perceus sur les fruits de ces Armemens particuliers les droits de dixiéme, qui est ce que les Amiraux de France pretendent qu'ils eussent perceu les droits de Congé, de Passeport & de Sauve-tage pour les naufrages arrivez sur les Costes de la Province.

C'est encore une fois ce qui ne se trouve point dans tous ces comptes; c'est cependant principalement à ces

droits & fonctions d'Amiral qu'est reduite la contestation, parce que ce
sont ces droits d'Amirauté que les Gouverneurs perçoivent à present
en Bretagne, & qui ont esté introduits, car dans le temps des Ducs on n'en
connoissoit point d'autres que ceux de Brieux, & long-temps auparavant
ceux de Bris & du Sauvetage, encore estoient-ils Domaniaux

   Aprés ces trois reflexions generales, il ne seroit pas necessaire d'entrer
dans un détail plus particulier ; elles satisfont suffisamment aux Actes singuliers de la pretenduë possession, alleguée pour les Amiraux dans la Province de Bretagne, & répondent precisément aux trois chefs dans lesquels
le Sieur Secretaire General de la Marine a renfermé toutes ses preuves de
possession, parce qu'à l'égard du premier, fondé sur ce qu'il pretend que
depuis l'union de la Province de Bretagne à la Couronne toutes les Provisions des Amiraux de France ayent esté enregistrées au Parlement de
Bretagne, & ayant esté receus & presté serment, leur pouvoir y a esté
reconnu ; il a esté entierement satisfait à cette observation dans l'examen
du troisiéme prétendu titre des Amiraux de France.

   A l'égard de la seconde classe dans laquelle le Sieur Secretaire General de la Marine a reduit les Actes de possession des Amiraux de France
concernant quelques fonctions de la qualité d'Amiral en Bretagne, outre
ce qui sera dit dans le détail des Actes, les Commissaires Deputez font
voir que ces Actes ne regardent point les Passeports, les Congez, les Armemens particuliers pour la Province ou pour la Garde des Costes, &
que les Gouverneurs ont toûjours accordé les uns & ordonné des autres.

   A l'égard de la troisiéme classe des pretendus Actes de possession des
Amiraux de France, qui comprend les arrestez de compte de Marine &
de dépenses pretendues passées par leur aveu, la distinction importante
qui sera plus particulierement relevée dans la suite, entre le pouvoir
general de la qualité d'Amiral de France pour la conduite des Armées
Navalles, & les droits particuliers d'Amirauté & les Armemens particuliers dans la Province de Bretagne, satisfait à ce Chef.

   Mais l'Amiral de France a, dit-on, accordé ses Commissions aux Vice-
Amiraux de Bretagne pour faire les fonctions de Vice-Amiral en cette
Province.

   Il n'y a pas le moindre vestige dans les Archives des Estats ny dans
les Registres du Parlement de la Chambre des Comptes de Bretagne, mais
il suffit que les Lieutenans Generaux ayent esté en mesme temps Vice-
Amiraux dans l'étenduë de la Province ; les autres qui n'estoient pas
de droit Vice-Amiraux, mais seulement de nom & par Commission, n'e-
stoient aussi à proprement parler, & c'est le Sieur Secretaire General de
la Marine qui l'assure luy-mesme dans sa Requeste, que comme sont aujourd'huy les Intendans de Marine ; ils n'avoient donc point de Commandement dans la Province ; ils n'avoient qu'une inspection sur les Vaisseaux
& les Armées Navalles du Roy, & leurs fonctions estoient par consequent bien differentes, & ne pouvoient prejudicier à celles de Gouverneurs & de Lieutenans Generaux en ce qui regarde l'Amirauté de Bre-

Il auroit fal-
lu que M[rs]
les Commis-
saires Depu-
tez eussent
prouvé cette
difference,
& il est aisé
de voir dans
les pieces
rapportées
par le Secre-
taire General
de la Marine
que les or-
dres des A-
miraux s'ad-

tagne pour en joüir ; ils n'ont jamais pretendu de commettre des Inten-dans de Marine.

La circonstance que le Sieur Secretaire General de la Marine a relevée en ce que la dépense faite par les Gouverneurs de Bretagne ou par leurs Lieutenans Generaux, n'a esté alloüé à la Chambre des Comptes de Paris que sur la signature de l'Amiral, ne fait aucune consequence en sa faveur, & fait au contraire une preuve contre sa pretention. La Chambre des Comptes de Paris qui ne reconnoist que l'Amiral de France, n'a pû ny dû alloüer aucune dépense sur le fait de la Marine que sur la signature de l'Amiral de France ; Ce n'est pas à elle de juger des Privileges de la Bretagne pour les droits d'Amirauté, ny des prerogatives de cette Charge, qui a aussi sa Chambre des Comptes. L'on sçait que la Chambre des Comptes de Paris a d'ailleurs ses Regles dont elle ne se depart point : mais ce qu'elle fait avec justice en ces occasions, ne fait rien contre les Estats de Bretagne, au contraire la signature de l'Amiral de France est une preuve en leur faveur, puisque malgré les contestations de l'Amiral contre les Gouverneurs de Bretagne, il ne laisse pas d'autoriser de sa signature les dépenses que ces mesmes Gouverneurs avoient faits pour la Marine en ce qui regardoit le Commerce des Negocians de cette Province.

Une autre reflexion generale sur les actes de pretendüe possession des Amiraux de France consiste dans cette distinction qu'on peut faire, qui ne donne aucune atteinte à l'Arrest de 1655. en faveur des Gouverneurs de la Province & qui peut aussi conserver une espece d'autorité generale des Amiraux de France, pour ne point blesser la qualité & le pouvoir d'Amiral de France.

dressoient également aux Vice-Amiraux de Bretagne qui estoient Lieutenans Generaux de la Province & à ceux qui ne l'estoient pas. La preuve en est p. 33. & 34 de sa Requeste.

L V I.

On a déja ruiné par avance cette distinction, qui est absolument insoutenable.

Les actes de pretendüe possession que le Sieur Secretaire General de la Marine a expliqué par sa Requeste, regardent publiquement les dépenses faites par les Navires du Roy pour le radoub, la victuaille, & pour l'achapt ou construction des Vaisseaux pour le Roy, ou pour la conduite generale des Armées Navales.

Il peut aussi y avoir quelques actes concernans des armemens particuliers pour la Province, mais il n'y en a point qui regardent les droits d'Amirauté de la Province, dans lesquels les Gouverneurs se sont toûjours maintenus.

L V I.

Les Commissaires Deputez en ont déja touché quelque chose, mais c'est en cet endroit qu'ils en ont reservé la principale ouverture.

L V I I.

C'est pourtant de ceux-là mes-

L V I I.

A l'égard des droits d'Amirauté de

me, que l'on a prouvé tant de fois que les Amiraux ont toûjours receu les dixiémes.

de la Province, il ne faut pas qu'on se flatte que M les Amiraux de France y puissent toucher, c'est ce qui a esté expliqué, aussi ils ne s'y sont pas ingerez ; c'est ce qui justifie la possession constante des Gouverneurs à l'égard des armemens particuliers, ou pour la Province, ou pour les particuliers ils regardoient la fonction d'Amiral de Bretagne, les Gouverneurs ausquels le * droit a esté transmis, y ont aussi seuls le droit & la possession mesme dans les derniers temps. C'est ce que les Commissaires Deputez justifieront dans leur Chronologie des actes de possession.

* Par quel titre ? personne ne le sçait.

LVIII.

Ils s'en sont *ingerez* en effet depuis l'an 1532. jusqu'en l'an 1626. & sans que les pretentions des Gouverneurs, les en ayent pû empescher.

LVIII.

*Il est vray que les Amiraux de France voulant usurper les droits des Amiraux de Bretagne, se sont quelquefois ingerez d'en faire les fonctions dans les temps difficiles, qui ont esté remarquez &) à l'oc*casion des entreprises des Amiraux de Joyeuse, Damville & de Montmorency sous pretexte qu'ils se disoient Amiraux de Bretagne, car ils ne l'ont jamais pretendu comme Amiraux de France, mais toutes ces entreprises ont esté arrestées par la Declaration du Roy Loüis XIII. du mois d'Aoust 1626. donnée aux Estats à l'occasion des Provisions de M. de Themines Gouverneur de Bretagne, *qui a conservé aux Gouverneurs de la Province les droits d'Amirauté du temps mesme que M. de Montmorency estoit encore Amiral de France &) de Bretagne, car la possession des Gouverneurs mesme dans les derniers temps est constante.

* Ce n'est pas assez de citer des Declarations en general, il en faut rapporter les termes & faire voir le rapport qu'ils ont à ce que l'on avance.

Il n'y a donc que les actes concernans les dépenses faites pour le Roy en Bretagne pour ses Armées navales employez dans les Comptes du Trésorier General de la Marine, que les Amiraux de France puissent alleguer, parce qu'ils ne regardent point la Province de Bretagne, &) c'est peut-estre par cette distinction qu'on peut concilier, ce qui jusqu'à present a paru si opposé dans les contestations qui ont esté si échauffées entre les Amiraux de France & les Gouverneurs de Bretagne, c'est cette distinction à laquelle l'on n'a peut-estre jusqu'à present assez fait d'attention.

Les Commissaires Deputez sont obligez de faire cette observation qui donne à la verité quelque sorte d'étendüe en Bretagne à la Charge d'Amiral de France, mais seulement pour le pouvoir general concernant les Armées navales de V. M. sans toutefois que cette autorité generale porte aucune atteinte à ce qui a esté jugé par l'Arrest de 1655. n'y qu'elle puisse empescher ou que la Province de Bretagne joüisse tranquillement des Privileges, Franchises & Immunitez concernant la navigation ainsi *qu'elle a toûjours joüi qui font les termes de la premiere partie de cet Arreſt, ou que le Gouverneur de la Province demeure maintenu ſans troubles dans toutes les fonctions, pouvoirs & autoritez dependant de l'Amirauté de la Province conformement à l'uſage, droits, libertez & privileges de la Province qui ſont encore les termes de la derniere partie, du meſme Arreſt.*

L I X.

Cela ne ſe peut concilier en aucune maniere, & il faut que l'Amiral de France, ſoit Amiral en Bretagne comme dans tout le reſte du Royaume, & qu'il y exerce toutes ſes fonctions, ou qu'il n'y en exerce aucune, c'eſtoit aſſurement l'avis de feu M. le Duc de Chaulnes, qui ſur ce fondement s'eſtoit mis en poſſeſſion du temps de M. de Vermandois de prendre le dixiéme des priſes faites par les Armées Navalles du Roy, lors qu'elles eſtoient ſorties de Breſt. D'ailleurs il faut obſerver, que cette pretenduë conciliation, ne va uniquement, qu'à detourner le jugement de la queſtion qui eſt ſimple & nette en elle meſme, & qui n'a nul rapport avec cette diſtinction, ny avec ces temperamens, il ne s'agit pas de ſçavoir ſi l'Amiral de France a droit de commander aux Vaiſſeaux du Roy lors qu'ils ſont en Bretagne, perſonne n'en doute, il s'agit de ſçavoir, s'il a le meſme droit dans les Ports, & ſur les Vaiſſeaux particuliers de Bretagne, que dans toutes les autres Provinces du Royaume, c'eſt-là l'unique queſtion, & c'eſt-là uniquement, ou doivent tendre les raiſons contradictoires de part & d'autre.

L I X.

L'on doit donc en examinant les droits reſpectifs ſans aucune prevention autoriſer les juſtes fondemens & l'étenduë du droit & de la poſſeſſion des Gouverneurs de Bretagne, & auſſi ne pas bleſſer l'autorité generalle & les prerogatives d'Amiral de France ; & c'eſt ce qui concilie auſſi tous les Actes de poſſeſſion reſpectivement rapportez.

En effet, l'on peut diſtinguer en Bretagne deux autoritez ſur le fait de la Marine ; l'une qui concerne les Armées Navales de V. M. & ſes Vaiſſeaux, l'autre qui regarde les Vaiſſeaux & les Armemens particuliers de la Province, les Congez, les Paſſeports & autres fonctions d'Amirauté en Bretagne ; l'une par rapport à ce qui peut regarder le Royaume en general, l'autre par rapport à ce qui eſt du detail pour la Bretagne en particulier.

L'une peut eſtre exercée par l'Amiral de France pour la conduite des Armées Navales ; la Bretagne faiſant partie du Royaume.

L'autre peut eſtre exercée par les Gouverneurs de cette Province & en leur abſence par les Lieutenans Generaux, & c'eſt cette derniere autorité qui renferme le droit d'Amirauté de Bretagne en particulier annexée à la Charge de Gouverneur.

Il eſt public que la Province de Bretagne par ſa ſcituation avanta-

Où ſont les titres qui établiſſent cette diſtinction ?

geuse pour le commerce de Mer *+)* pour les expeditions Maritimes par
la bonté de ses Ports & de ses Havres, par la quantité & par l'ex-
perience des Matelots qu'elle fournit, est de toutes les Provinces de la
France la plus commode & la plus propre pour la Marine ; c'est aussi
dans les Ports & dans les Havres que les Vaisseaux de V. M. se ren-
contrent en plus grand nombre, c'est où Elle assemble le plus souvent ses
Armées Navalles, où Elle fait plus d'armemens, plus de constructions
de Vaisseaux, où Elle entretient plus d'Arsenaux & plus de Magazins.

Tous ces Vaisseaux, ces Flotes, ces Constructions, ces Magazins si necessaires pour les Armemens Maritimes, ces differens Officiers qui y sont
preposez, ne sont pas particuliers pour la Province de Bretagne, mais
en general pour le bien du Royaume, pour la défense de toutes les Costes
& de tout l'Estat ; ainsi il y auroit peut-estre quelque fondement à
dire que la Bretagne pretend en quelque façon son emplacement pour
les Armées Navalles qui se trouvent dans ses Ports & dans ses Havres
comme d'une espece de depost & de lieu emprunté, qui sont pour la
seureté du Royaume & non point pour le service & avantage particulier de la Province. L'Amiral de France peut y avoir cette autorité generale, pourveu qu'il n'entreprist aucune chose dans les droits d'Amirauté
de la Province, qu'à l'entrée des mesmes Vaisseaux *+)* des mesmes Armées dans les Ports de Bretagne, on prit comme il a toûjours esté usité.
l'Attache des Gouverneurs.

Si l'on examine avec soin les Actes d'exercice des Amiraux de France
en Bretagne, on reconnoistra qu'il s'en faut rapporter à cette distinction
tous les arrestez pretendus faits par eux des Comptes des Tresoriers de la
Marine pour les Armemens & autres dépenses de Mer faits en Bretagne,
ne peuvent regarder que l'usage de cette autorité generale sur ce qui
regarde les Vaisseaux & les Armées Navales qui se trouvent dans les
Ports & Havres de la Province.

Mais tout cela ne peut faire aucun prejudice aux droits & à la
possession des Gouverneurs de Bretagne & de leurs Lieutenans Generaux en leur absence dans l'Amirauté de Bretagne. Tous ces Actes ne
peuvent les en priver par rapport aux Particuliers de la Province, par
rapport au Commerce des Marchands qui y trafiquent, par rapport aux
armemens des Particuliers ou de ceux qui se font specialement pour la
Province.

Les Passeports, les Congez, sont le droit que les Marchands &
Negocians ont toûjours eû de s'addresser à leurs Gouverneurs pour armer
les Vaisseaux à leurs dépens *+)* pour faire des Courses contre les Ennemis quand la Guerre est declarée, la visite de tout ce qui entre dans
les Ports & de ce qui en sort.

L'inspection sur les Matelots, la Garde des Costes, & une infinité
d'autres Actes de Marine qui composent les droits d'Amirauté en general,
doivent toûjours estre conservez aux Gouverneurs suivant les anciens
droits & leur ancienne possession, à l'exclusion des Amiraux de France.

Ainsi en distinguant de cette maniere les differens Actes de possession, l'on trouvera que le droit & les interests de la Province & la possession des Gouverneurs, sont conservez sans blesser les prerogatives de la Charge d'Amiral de France.

Ces notions generales presupposées sur les faits de possession au sujet de l'Amirauté de Bretagne, qui est une des principales parties de l'affaire, il est necessaire d'entrer dans l'histoire de la Province de Bretagne par rapport aux droits d'Amirauté seulement, principalement depuis le premier Mariage d'Anne de Bretagne avec le Roy Charles V I I I. en y distinguant deux temps, l'entretemps du premier Mariage de la Reyne Anne de Bretagne, & l'union de sa Province à la Couronne de France en 1532. Le second depuis cette union jusqu'à present.

<table>
<tr><td align="center">L X.</td><td align="center">L X.</td></tr>
</table>

Tout ce qui est contenu dans le reste de ce Memoire ayant esté deja examiné en d'autres endroits, il est inutile d'y faire de nouvelles réponses.	*Cette histoire doit renfermer par Chronologie, premierement les Amiraux de Bretagne dont les droits ont esté transmis aux Gouverneurs.*

ECLAIRCISSEMENT SUR LES AMIRAUTEZ
de Guienne & de Provence.

IL ne sera pas inutile de joindre icy un Eclaircissement sur les Amirautez de Guienne & de Provence, parce que M^{rs} les Commissaires Deputez en ont fait une objection dans leur Memoire, & que cela servira à faire voir ce qui a peu donner lieu à l'erreur de quelques Ecrivains, d'ailleurs tres habiles, qui s'estant laissé tromper aux apparences, & n'ayant pas assez examiné les veritables principes d'une matiere dont ils n'écrivoient qu'en passant, se sont imaginez, qu'il pouvoit y avoir eu plusieurs charges d'Amiraux en France en mesme temps, sans songer que ceux dont ils parloient n'estoient que de simples Commissionaires. Il faut toûjours regarder comme le premier principe de cette matiere l'Ordonnance de Charles VI. de l'an 1400. C'est la premiere qui ait esté faite en France pour l'establissement de l'Amirauté, & par consequent la premiere, où nous devions prendre la veritable idée des fonctions & de l'estenduë de la Charge d'Amiral de France. Voicy comme elle s'en explique.

Et au regard des Armées & entreprises qui se feront par Mer, nostre Amiral demeurera en icelles Armées, Chef ainsi qu'il appartient à sondit Office, & comme nostre Lieutenant General és choses touchant & dependantes de la Mer, aura toute connoissance & Jurisdiction, luy &

ses

ſes Lieutenans , & en ſera obey par tous les Lieux , Places & Villes de noſtre Royaume.

Ainſi aux termes de cette Ordonnance , l'Amiral de France eſt un Officier qui a droit de faire reconnoiſtre ſon authorité *par tout le Royaume* , & l'on peut aſſeurer qu'il n'y a nul autre Officier de la Couronne dont les fonctions & l'authorité ſoient reglées par une Ordonnance ſi ancienne & ny ſi authentique ; ainſi il eſt certain que comme les Roys Succeſſeurs de Charles V I. n'ont jamais derogé à cette Ordonnance ; qu'au contraire toutes celles qui l'ont ſuivie n'ont fait que la confirmer , & meſme l'augmenter toutes les fois que les Roys ont pourveu un Amiral de France , on a deu ſous-entendre toutes les diſpoſitions de cette Ordonnance repetées dans ſes Proviſions qui y ont une relation neceſſaire.

Que s'il eſt arrivé que les Roys ayent jugé à propos en quelques occaſions de reſtraindre ce pouvoir & cette authorité pour des raiſons particulieres, la reſtriction ayant ſubſiſté ſans detruire le principe, a toûjours ceſſé avec ſa cauſe ; & il n'a pas meſme eſté beſoin de Declarations, ny de Lettres Patentes , pour remettre les choſes dans leur eſtat naturel ; C'eſt à dire pour faire rentrer l'Amiral dans toute l'eſtendüe de ſes fonctions & de ſon authorité conformement aux Tiltres de ſon eſtabliſſement.

Cela eſt arrivé en trois occaſions differentes , pour la Guyenne, pour la Provence & pour la Bretagne ; c'eſt ce qu'il eſt neceſſaire d'expliquer icy.

Il eſt certain qu'il y a eû long temps un Amiral de Guyenne diſtinct & ſeparé de celuy de France, & pourveu par des Proviſions differentes. Du Haillan s'eſt imaginé que lors que les Anglois rendirent la Ville de Bourdeaux en l'an 1453. ils avoient obligé le Roy Charles V I I. par un Article exprez , de conſerver l'Amirauté de Guyenne diſtincte & ſeparée de celle de France, & avec un Amiral particulier, mais c'eſt une imagination qui n'a pas le moindre fondement, car outre qu'on n'a jamais entendu parler de cette pretendüe reſerve dans toute la Guienne , il eſt aiſé de conſulter ce traité que l'on trouve tout entier dans le Regiſtre du Parlement de Paris, intitulé *Ordonnances Barbines* pag. 180. & où il n'eſt pas dit le moindre mot de cette pretendüe Amirauté.

Le premier qui ait fait les fonctions fut le Sieur de Leſcun en 1472. Le Roy Loüis X I. croyant qu'il luy eſtoit abſolument neceſſaire d'attirer cet homme à ſon ſervice, le rendit maiſtre des Conditions, & Leſcun en uſa comme un homme qui veut en peu de temps faire une grande fortune , il demanda & obtint ſix mille livres de penſion, deux ſenechauſſées conſiderables, la Capitainerie de l'un des Chateaux de Bourdeaux , celle de Blaye & des deux Chateaux de Bayonne, pluſieurs autres choſes tres-conſiderables, & ſur tout l'Amirauté de Guienne, mais il eſt ſi faux qu'en ce temps-là, elle fut ſeparée de l'A-

Comines Ja-
ligny &c.

Ce trait d'hi-
ſtoire doit ſer-
vir à refor-

K ĸ

mirauté generale de France, que le Roy pour dedommager Loüis de Bourbon Comte de Roufillon qui en estoit alors revestu, lui donna le revenu des Villes & Comté de Bayeux & de Grandville & quatre mille livres à prendre sur le domaine de Caen, & il estoit si public qu'il n'y avoit jamais eu qu'un Amiral en France, que Jaligny dans l'Histoire de Charles VIII. dit en parlant de ce marché, *Comb. en que d'ancienneté il n'y ait accoûtumé d'avoir qu'un Amiral en tout le Pays de France, toutefois le Roy pour cette fois bailla à Lescun l'Amirauté de Guienne.* Le mesme Historien ajoute que le Roy ayant esté obligé de priver Lescun de tous ses bienfaits, dont il se servoit contre son bienfaiteur, l'Amirauté de Guienne fut renduë au Sieur de Graville, qui estoit alors Amiral de France, elle fut encore depuis ce temps-là distraite de l'Amirauté de France & donnée à *Antoine Roy de Navarre*, & ensuite à *Henry son fils qui a esté depuis Roy de France*; mais ce titre n'estoit pas fondé comme celui *d'Amiral de Bretagne* sur des conjectures, ou sur des convenances, & sur de pretendus privileges, qui n'en faisoient aucune mention. On ne disoit point que la qualité de Gouverneur de la Province emportoit celle d'Amiral *tacitement & sans qu'il fut necessaire de l'exprimer, à cause de la connexité des Charges* c'estoient des provisions en bonne forme, qui énonçoient pleinement le droit & les fonctions de ceux à qui elles estoient données, on en a un grand nombre entre les mains, & celle d'Antoine de Vendosme & de Henry son fils qui fut depuis Roy de France ont esté enregistrées au Parlement de Paris, les premieres le 30. Mars 1557. & les secondes le dernier Juillet 1563. L'on trouve même dans Fontanon un Reglement en forme pour l'Amirauté de Guienne de l'année 1517.

Henry IV. estant parvenu à la Couronne donna cet employ à Henry de Coligny, & après la mort de celuy-cy à Gaspard de Coligny son frere ses provisions sont du 8. Octobre 1601. enregistrées au Parlement de Paris le 14. de Novembre de la même année, & après la mort de ce Gaspard de Coligny, le Roy n'ayant pas jugé à propos de renouveller ces provisions, l'Amirauté de Guienne fut reünie de plein droit à celle de France sans qu'il ait esté besoin d'aucune suppression ny d'aucunes Lettres patentes, ny même qu'il reste maintenant le moindre vestige, ny de ses fonctions, ny de sa reünion à celle d'Amiral de de France. On voit seulement que le Parlement de Paris obligea toûjours les Amiraux de Guienne d'avoir leurs Officiers à la table de marbre de l'Amirauté de Paris pour montrer que ce n'estoit qu'une simple distraction qui devoit y estre reünie un jour.

L'Amirauté de Provence a esté dans des circonstances encore plus singulieres, car il faut avoüer que cette Province ayant esté reünie à la Couronne en 1481. il n'y avoit presque pas eu un Gouverneur depuis qui n'eut fait les fonctions *d'Amiral*, & qui n'en eut eu le titre bien exprimé dans ses provisions, ou pretendoit même, que Charles d'Anjou , dernier Souverain de cette Province , & qui la donna aux Rois de France par son Testament, avoit supplié le Roy Loüis XI. de la maintenir dans toutes ses Coûtumes, Charges, Loix & Privileges sans y rien changer.

François I. en 1535. avoit fait une Ordonnance expresse pour la Provence, dans laquelle il donnoit en termes exprez au Senechal de cette Province la qualité *d'Amiral , le droit d'avoir des Officiers , de connoistre du fait de la Mer ainsi que l'Amiral de France, & de rendre des jugemens, dont il y auroit appel au Parlement de Provence.*

Il est aisé de voir que cela est plus precis pour établir un droit d'Amirauté que *la faculté de pourvoir aux Gardecostes,* qui est le seul titre des anciens Gouverneurs de Bretagne.

En 1572. le 22. Octobre, le Marechal de Tavanne obtint des Lettres qui furent enregistrées au Parlement de Provence, par lesquelles il est *établi & constitué Lieutenant general du Roy representant sa personne , sur toutes les Mers de Levant, Costes & Isles Maritimes de ces Pays de Provence & de Languedoc, pour desormais avoir l'œil & superintendance sur tous les Navires & Vaisseaux , qui seront par le Roy mis sur les Mers de Levant.*

En 1594. le Roy Henry IV. donna la même Charge au Duc de Guise pour le ramener à son service, ajoutant qu'il *pretendoit le faire joüir de cette Charge aux mêmes droits d'honneur & d'autorité qu'il en feroit joüir son propre fils s'il en avoit un.* *Le Feron.*
De Thou.

Il faut que Messieurs les Commissaires Deputez conviennent que ces titres-là s'expliquent bien autrement pour établir le droit d'Amirauté particuliere dans ces Provinces ; que les Contracts de Mariage d'Anne de Bretagne & les premieres provisions de leurs Gouverneurs s'ils ont pû par la force de l'éloquence rendre leurs pretensions si specieuses, avec des titres aussi foibles , que ceux dont ils ont esté contraints de se servir , que n'auroient-ils point fait s'ils avoient eu à soûtenir celles des Gouverneurs de Guienne & de Provence.

Cependant ces deux *Amirautez* qui n'avoient jamais esté creées ny conservées par aucun Edit, ny par aucunes Lettres patentes, n'estoient avec tous leurs titres que des exceptions du droit commun, contraires à la regle generale , & par conséquent ne pouvoient subsister qu'autant qu'il plairoit au Souverain de les maintenir par sa volonté toute-puissante, ainsi dés que les Rois ont cessé de marquer par des titres exprez , qu'ils vouloient les conserver , elles sont tombées en un instant , ou plûtost elles ont esté reünies à l'Amirauté de France de plein droit & sans qu'il ait esté seulement besoin de rendre aucun Arrest sur cela.

Nous ne sçavons pas même en quel temps celle de Guienne a cessé, & tout ce que l'on sçait de la fin de celle de Provence, c'est que M. de Montmorency ayant entrepris avec la permission du Roy Louis XIII. de s'en mettre en possession, M. de Guise qui en estoit revestu, fit

On les trou-
ve dans Le
Feron &
ailleurs.

quelques Memoires pour soûtenir sa pretension ; mais les Estats ne jugerent pas à propos de prendre sa deffense, ny d'alleguer leurs pretendus Privileges, ou le Testament de Charles d'Anjou de 1481. quoy qu'il n'y eut asseurément rien de mieux prouvé, que la possession où ils estoient d'avoir une Amirauté particuliere pour leur Province, & dont leur Senechal ou leur Gouverneur estoit le Chef avec les mêmes droits, les mêmes Officiers & la même autorité qu'avoit l'Amiral de France dans tout le reste du Royaume.

De ces deux exemples arrivez de nos jours, on peut tirer trois consequences infaillibles, & qui ne sont qu'une suite des principes qu'on a déja établis.

1.º Que jamais une exception faite contre le droit general ne peut subsister plus longtemps que la volonté expresse du Souverain qui l'a faite, & qu'elle se détruit toûjours d'elle-même dans le moment que lui ou ses Successeurs cessent de vouloir la maintenir.

2.º Que ces pretenduës Charges d'Amiral de Guienne & de Provence quelqu'autorité qu'elles ayent paru n'ont pourtant jamais esté que de simples Commissions, & qui par consequent ont toûjours esté éteintes avec ceux qui en estoient revêtus, & qui ont eu besoin d'estre renouvellées par les provisions de ceux qu'on leur donnoit pour successeurs, car c'est une maxime certaine dans le Royaume, qu'il n'y a aucune Charge subsistante qui ne soient creées par un Edit, qui en regle en même temps les fonctions & l'autorité.

3.º Que lorsqu'un Souverain, pour le bien de son service, ou pour des raisons particulieres, dans lesquelles il n'est jamais permis à des sujets d'entrer, a jugé à propos de demembrer pour quelque temps & par une Commission speciale les droits & les fonctions d'une Charge de la Couronne, sans avoir revoqué nommement les Edits qui établissent cette Charge, & qui regle l'étenduë de ses droits & de son autorité. Il est certain que celui qui est revêtu de cette Charge, ne peut pretendre les droits ny les fonctions qui en ont esté distraites, mais il en est privé sans que l'on puisse dire cependant que la Charge soit demembrée ny diminuée, parce qu'elle subsiste toûjours dans son Edit de creation qui n'a point receu d'atteinte, ainsi dés qu'il plait au Souverain de faire cesser, ou de ne plus continuer l'exception, qu'il avoit jugé à propos d'établir, toutes les choses rentrent d'elles-mêmes dans l'ordre ordinaire, sans qu'il soit besoin de nouveaux Titres, ny de nouvelles declarations.

Il est aisé de faire l'application de tout cecy à la pretenduë Amirauté de Bretagne, car premierement aucun des Gouverneurs de cette Province avant M. de Vendosme, n'a jamais eu de Titres, qu'on puisse comparer à ceux des Gouverneurs de Guienne & de Provence, ils ne peuvent pretendre que leur droit soit meilleur.

En second lieu tout ce qui a esté fait devant ny aprés l'Arrest de 1655. ne deroge point à l'Ordonnance de 1400. au contraire la

Charge

Charge d'Amiral de France ayant esté *rétablie avec le Titre & Di-* *gnité d'Office de la Couronne* , elle est rentrée dans tous ces anciens droits, exprimez dans les termes de l'Ordonnance de 1400. & de tant d'autres qu'ils l'ont confirmée depuis. *Ce font les termes de l'Edit de 1669.*

Et pour ce qui est de l'exception de la Bretagne apposée dans l'Edit de 1669. personne ne doute qu'elle ne doive estre regardée comme une Loy inviolable, tant qu'elle subsistera, sans qu'il soit permis d'alleguer en faveur des Amiraux de France, les Ordonnances qui leur luy sont si favorables, ny contre les Gouverneurs de Bretagne les Titres mêmes de leur pretension qui sont si frivoles, & qui ont si peu de fondement, parce que dés que la volonté du Souverain paroist, les Sujets ne la doivent connoistre que pour s'y soûmettre & pour l'executer.

Mais depuis qu'il a plû au Roy par l'Ordre qu'il a donné aux Estats de Bretagne dans l'instruction de 1697. & par l'Arrest du 19. Aoust 1698. de faire voir qu'il veut bien ne regarder cette exception ajoutée au rétablissement de la Charge d'Amiral , que comme une exception provisionelle, pour laisser les choses en l'estat où les avoit mises l'Arrest de 1655. jusqu'à ce qu'il plut à Sa Majesté *de juger cette affaire diffinitivement* , alors tous les Titres de la Charge d'Amiral de France revivent en sa faveur , les pretensions des Gouverneurs de Bretagne sont obligées de disparoistre , & l'exemple de ceux de Guienne & de Provence font voir ce que l'Amiral de France a lieu d'esperer de la Justice de SA MAJESTE'.